『授業力&学級経営力』編集部【編】

中学校 学級経営

DX
デラックス

テーマ別でまるごとわかる！

明治図書

Contents
もくじ

コスパを最大化する，達人の仕事術

川端裕介の学級経営―4つの鉄則

生徒と一緒に学級経営の最適解を導き出す

北海道函館市立亀田中学校　川端裕介

鉄則 1　　芯を貫き，形は変える

　学級経営の最大の鉄則は，「学級経営には正解がない」と担任として自覚することです。もし，ある方法で「よい学級」をつくり上げたとしても，同じ方法が別の学級に通用するとは限りません。そもそも，よい学級というのは学級担任の自己満足で，生徒は納得していないかもしれません。

　学級経営に正解はありませんが，**学級の数だけ最適解**があります。最適解を導き出すためには，学級担任としての教育観に基づき，**学級の望む姿を明確にした「芯」**をもつことが大切です。その芯を担任として貫きながら，学級の生徒の願いに合わせて目指す集団の姿を最適な形に変えましょう。

鉄則 2　　学級はチームでつくり，担任が要となる

　学級を家に例えれば，学校経営方針という安定した土地の上に学年経営方針に沿った基礎を組み，学級経営の芯が入った柱を建てます。外観や内装のデザインは，学級担任が住人である生徒と対話を重ね，一緒に手づくりして築き上げます。まわりの家（学級）の様子を見て，保護者に情報を発信して意見を反映します。ある程度形ができたら，定期的に点検をし，必要に応じてリフォームをします。このように，**チームでよりよい学級を目指します。**

　学級担任は，学級の王様でも傍観者でもありません。場面によって設計士や営業，大工の棟梁，住人に変身し，**関係する人をつなげる要**になります。

鉄則3 あそびがあって温泉のような学級をつくる

　私の学級経営の芯は，2つの「あそび」を大切にすることです。

　1つは**余白としてのあそび**です。固定した型に生徒をはめるのではなく，柔軟に対応します。余裕のある状況が，創造的な発想を生むからです。

　もう1つは，**遊びと楽しさのある学級**にすることです。そのためにどのような課題を解決し，どのように工夫すべきかということを考えます。目指すのは，担任も生徒も教室にいるのが楽しくて仕方がないという状況です。

　2つの「あそび」がある学級経営の成果としてつくられるのは，**温泉のような学級**であると私は考えています。学級開きのときには「この学級を温泉のようにゆったりのんびりとでき，心がぽかぽかとし，心を裸にして安心して語り合える集団にしたい」と，担任としてのビジョンを示します。そのうえで，生徒と対話しながら学級の具体的な形や目標を考えます。そして，目標に向かって進むべき道を，生徒と一緒につくりながら進むようにします。

鉄則4 生徒の見方・考え方を鍛えて自治の芽をはぐくむ

　学級経営の充実には，生徒の自治的な活動を保障することが大切です。留意点は**「自治」ではなく「自治的」である**ことです。学級担任が責任をとることを明言したうえで，生徒が自ら学級の問題に気づき，解決すべき課題を設定し，合意形成を図ったうえで一人ひとりができることに取り組めるようにします。担任の責務を放棄するのではありません。事前の準備と事後のフォローを徹底し，生徒に任せて担任が見守る場面を意図的かつ計画的に設けます。将来，生徒が所属する集団で自治ができるように芽をはぐくみます。

　自治的な活動の際には**「集団や社会の形成者としての見方・考え方」**を鍛えることが大切です。例えば，学級の問題を捉える際に虫の目（分析的），鳥の目（俯瞰的），魚の目（流動的）と視野を変えることや，合意形成を図るための学級会の準備や運営の方法，目標の設定と達成度の検証方法など，具体的で実効性のある「技」を生徒が使いこなせるようにしましょう。

江澤隆輔の学級経営―４つの鉄則

学級経営の基礎は信頼関係！学校の魂＝授業も充実させよう！

福井県坂井市立三国中学校　江澤隆輔

鉄則 **1**　生徒との信頼関係づくり，まずは個と個で

　生徒たちとの出会いの４月。前年度から担任していた生徒もいるかもしれませんが，ほとんどの生徒は初対面でしょう。担任の先生は，生徒たちからすると，「話をしたことがないけど，学校内で見たことはある先生」くらいの認識です。また，朝のＨＲや帰りのＨＲでいくら全体の場で話をしたところで，信頼関係づくりは難しいと考えます。そこで私は，**朝のＳＨの前にできるだけ声をかけて話をするようにしています**。話題は何でも構いません。その日に単語テストがあるなら単語テストのこと，部活のことや趣味の話題など。生徒たちにとって遠い存在だった先生が，これでグッと近い存在になります。

鉄則 **2**　信頼関係という土台の上にほめる・叱るがあると心得る

　例えば，普段部活動に顔を出さない先生が大会だけ来て，偉そうに指示したり指導したりすると，生徒たちの気持ちはどうでしょう。きっと「普段は見に来ないくせに…」となるでしょう。信頼関係が土台にあるうえでの「ほめる・叱る」です。その土台づくりは，**普段から意識して「生徒を知ること」から**始まります。生徒たちの家庭環境，好きなこと，最近ハマっていることは何か，部活は何でポジションはどこか。それらをできるだけ多く知ったうえでの指導なのです。私は，**1人1ページのスペースを手帳につくり**，

生徒たちの情報をメモするようにしています。

鉄則 **3**　前に出る経験を積めば積むほど生徒は成長すると心得る

　中学校では，生徒たちが前に出て活動することが小学校のように多くありません。大きな行事（文化祭や体育祭など）があれば別ですが，普段から生徒たちがクラスの前に立って指示したり司会をしたりする機会は少ないものです。そこで私は，**できるだけ生徒が前に出る機会やクラスをまとめる機会を確保する**ようにしています。例えば，朝のＳＨの連絡を委員会に任せて連絡してもらったり，学年の行事やクラスのレクリエーションなどもできるだけ実行委員会を立ち上げ，運営を任せたりしています。これを一年間通すと，生徒たちは前に出てしゃべった場数が違うので，スムーズに司会や発表をこなせるようになります。「うちのクラスの生徒たちは引っ込み思案だから…」などと思わず，最初はうまくいかないことがあっても，ぜひ前に出てクラスを動かす経験を積み重ねさせましょう。

鉄則 **4**　やっぱり学校の魂は授業。深く濃い教材研究を

　生徒たちは常に「この先生の教え方はうまいのか，下手なのか」を考えています。小学校から数千時間の授業を受けてきた中学校の生徒たちは，いわば「授業を受けるプロ」です。休み時間には，「○○先生の教え方，わかりやすい？」とよく話をしています。特に，中規模・大規模の中学校に勤めていると，毎年のように教科担当は変わるので，昨年担当した先生と今年担当している先生を比較します。よい授業はよい教材研究・教材開発から。よい授業をすれば，きっと生徒たちもついてきます。生徒指導も授業中に行い，学級経営もうまく回り始めるでしょう。そこでぜひ，**「この分野ならだれにも負けない」**という単元や領域をつくってください。例えば私は，「発音指導」「英作文指導」は，多くの書籍に当たり，実践を積み上げてきました。その自信が生徒にも伝わっているように思います。ぜひ，先生方が自信をもてるような分野を１つでもつくってみてくださいね。

■新年度準備

ポイント **1** 　最優先事項は生徒理解と心得る

　新年度準備における学年主任・担任の最優先は，なんといっても生徒理解。
では，何をどうやって生徒理解していくべきか，そのチェック項目をまとめ
ました。意外と抜け落ちていそうな項目もあるので，ぜひ参考にしてみてく
ださい。

ポイント **2** 　教室環境を整えながら自分も成長できる取組を考える

　「あぁ，また今年も同じような一年が始まるのか…」とネガティブな一年
のスタートにならないように，私が大切にしていることは「校務分掌に合わ
せた大テーマづくり」です。自分で決め，テーマを教室掲示とコラボさせる
ことで，教師としての自分，生徒たち，どちらも確実に成長できます。

ポイント **3** 　学級開きだけでなく「学年部会開き」も大切にする

　大きな中学校であればあるほど，大事なのが学年部会。「学級開き」も大
切ですが，「学年部会開き」も大切にしたいですよね。学年主任と担任，副
担任の先生方が連携して仕事をしていく部会で，新しい提案をしたり，業務
を精選したりと，多忙な中でも確実に同僚性を向上させることができる取組
をご紹介します。

優先順位を見極めて，
生徒理解からクラスを固めよう！

福井県坂井市立三国中学校　江澤隆輔

ポイント4　個人商店化ではなく教科部会の株式会社化を目指す

　学年部会と同じく大切にしているのが，教科部会です。先生方が孤立して「個人商店」のようにならないために，同じ教科の先生方と様々なことを共有し，担当しているクラスのみならず，学校全体の学力向上を目指します。

ポイント5　校務分掌・学年分掌へのかかわり方を考える

　担当になった分掌が未経験の場合も，かつて担当したことがある場合も，必ず行っておくべきことがあります。さらに現在，学校の働き方改革も叫ばれているため，「続けていくべき仕事」「縮小させる仕事」「廃止する仕事」に仕分けする作業も大切かもしれません。

ポイント6　帳簿関連を整理しつつ，学級開きの準備をする

　4月は出会いの季節です。生徒たちも緊張していると思いますが，私たち教師も緊張しますよね。帳簿の整理などを確実に行いながら，学級開きの準備も行いましょう。ただ，入学式や始業式後も集会などが続く中学校現場では，「黄金の3日間」という言葉に流されず，「1か月くらいで学級のルールを紹介して，定着させよう」くらいの心構えで十分。もちろん，最低限のルールや方針は指導しておく必要がありますが，アイスブレイクなどで担任と生徒たちとの信頼関係づくりも同じくらいのウェイトで行いましょう。

☑新年度準備 学級担任のやることリスト

❶最優先事項は生徒理解！

□名前（入学式・始業式までにできれば出席番号とセットで覚える）

□家庭環境（兄弟姉妹は？　住んでいる地区は？　出身小学校は？）

□性格（小学校からの所見，前担任からの聞き取りなど）

□人間関係（小学校が同じ・前学年が同じクラスの生徒はいるか）

□部活動（クラスに同部活生徒がいるか，顧問は新年度代わるか）

□成績（勉強の方法を知っているか，得意な教科など）

□前年度までのトラブル（大きなトラブルがあったなら記録を）

□（新しく異動してきたのなら）校区内小学校のチェック

　新年度は，様々な業務に追われますが，なんといっても学級担任（と学年主任）の最優先事項は生徒理解です。上記のように様々なチェック項目があり，生徒一人ひとりを家庭環境や成績，人間関係や部活動などのいろいろな角度から見ることが大切です。私たちが思っている以上に生徒たちを取り巻く環境は複雑で複合的です。できるだけたくさんの角度から生徒を見て，生徒を理解したいものです。中１の担任で，しかも新しく異動してきた先生は，校区内の小学校チェックに行くこともおすすめです。その小学校はどの程度の規模で，まわりはどんな環境なのか（住宅街が広がっているのか，田園なのかなど）を知るだけでも，大きな生徒理解につながります。

❷教室環境の整備，構想をしながらモチベーションアップ！

□担当から出される机・椅子の数と実際の数が合っているか

□机・椅子の不備がないか（裏側も含めて落書きや傷がないか，高さ等）

□壁や床に剥がれや突起物等がないか，窓ガラスに割れやヒビがないか

□教室背面・前面・側面の掲示物の構想（自分の実践テーマに合わせて）

□避難経路の確認（隣の教室も含めて）

生徒理解が終わったら，実際に生徒たちが一年間使用する教室環境を整えていきます。机や椅子の確認，壁面などのチェックや清掃，避難経路の確認が主ですが，ぜひ教室掲示の構想も練りましょう。

　例えば，私は一年に1つ大テーマを決めて実践していて，今年は「思考ツールを使って，考え議論する道徳授業実践」がテーマです。そこで，教室の背面を使い，その実践を生徒たちとともに共有できるようにしてい

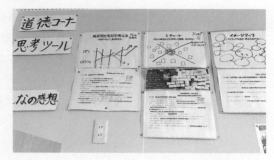

ます。担当する校務分掌に合わせて大テーマを1つつくれば，私も生徒も年間の成長を感じられるのでおすすめです。机や椅子の確認をしながら，「今年のテーマは何にしよう？　それに合わせた教室掲示をどうしていこう？」と考えるのは，とても楽しいですよ。

❸学年部会で共通理解と仕事観のシェア！
□学年の分掌（だれがどの仕事を担当するのか，メインとサブ等）
□配慮を要する子の対応について学年で共通理解
□学年としての取組を提案（昨年度までの引き継ぎ実践，提案実践）
□同じ学年部会の先生方との仕事観シェア・雑談など

　中規模校から大規模校であればあるほど，同じ学年部会に所属する先生方と連携して仕事を進めていくことになります。そろえるべき実践は確実に学年でそろえていく必要があるし，学年部会の連携は必須になってきます。学年会議で自分の学年の分掌をチェックしたら，おすすめなのが部会の先生方の「仕事観シェアタイム」です。ほんの数分でよいので，その先生がどういう思いで教員をしているのか先生方に語ってもらいます。一度振り返って，思いをみんなでシェアすることで，確実にその同僚性がアップします。

❹教材研究と教科部会の両輪を走らせる！

□担当する学年の教材研究をざっくりと（年間分ざっと見ていく）

□担当する学年の１学期分は細かく（何月にどんな評価をするのか）

□授業の「幹」を再確認（自分の授業は，何を大切にするのか）

□教科書の暗記（どのあたりにどんなことが書かれているか）

□教科部会のスタッフと「授業観」の共有（脱「先生の個人商店化」）

□教科部会で学校としての取組を確認

□最初の定期テストを提案（中期スパンでつけるべき力の共有）

　学年部会とともに，教科部会も大切にしています。私の所属する自治体では，「教科部会（例えば英語部会）」が週の時間割に組み込まれるようになっているので，その連携がしやすいです。自分の教材研究をしながら，他の教科のスタッフと授業観を共有したり，評価を決めていったりしましょう。おすすめなのが，２か月後に生徒たちが受けることになるはじめての定期テストを提案しておくことです。この時期にテストができ上がっていて他の先生方の頭に入っていれば，それに向け，授業のいいスタートを切ることができ，先生方の意識も変わってくるでしょう。

❺校務分掌・学年分掌へのかかわり方を考えよう！

□担当分掌の年間スケジュールチェック（どの時期に何をするのか）

□担当分掌で，昨年度実施した行事や取組の写真チェック

□未経験の担当分掌は，前任者にその引き継ぎをお願いしておく

□半径５ｍの仕事（自分の手が届くもの）はできるだけ業務改善

□時間対効果を考え，残すべき仕事・縮小する仕事・廃止する仕事に仕分け

□縮小・廃止する取組は，実現に向けて根回しをスタート

□「引き継ぎメモ」の作成（年間通して，都度ごとに仕事の内容などを更新）

□（新しく異動してきたのなら）昨年度の職員会議録をざっとチェック

学校全体の校務，学年の校務のどちらも，まずは年間の見通しをもつことが大切です。特に，異動してきてすぐの学校では，昨年度までの行事や取組を同僚となった先生方に聞いても，詳しくはわかりません。そこで，前任者からの引き継ぎを行ったうえで，担当になった校務に関する記録写真を確認すれば，その仕事を理解することにとても役立つでしょう。また現在，学校でも働き方改革が叫ばれていますが，文部科学省や自治体教育委員会からの仕事は，増えることはあっても減ることはあまりありません。そこで，自分の裁量で変えることができる仕事（「半径5mの仕事」と呼んでいます）だけでも縮小や廃止の方向で考えてみることをおすすめします。

❻帳簿の準備・学級運営方針・学級のルール・学級開きの準備も確実に！
□指導要録の整理（クラス替えがある場合は，学年で協力して）
□健康診断表・歯科検診表・生徒名簿・出席簿・保健関係書類などの整理
□始業式・入学式から授業が本格的に始まるまでの学活の内容確認
□学級運営方針づくり（どんなクラスにしたいか学級開きで語れるように）
□出会いの言葉の検討（学級開きの第一声，自己紹介等も考える）
□学級のルールを学年でそろえる（クラス間で差がないように）
□学級で行うアイスブレイクの準備（できれば10個ほど）

　4月の担任と生徒たちとの出会いは特別なものです。学級開きがあり，「黄金の3日間」がやってきます。しかし，中学校では入学式・始業式後にも部活動紹介や学年集会，全校集会など様々な集会があるため，私は「黄金の3日間」ではなく，「黄金の1か月」くらいに捉えています。その1か月で小学校とは違う学級や授業のルールを確認していきながら過ごし，1か月が過ぎたころから定着させていきます。「3日間ですべてやりきらないと！」とあまり気を張る必要はないと思います。

成長のキーワードは
「∞（無限大）」と「幸動力」

長崎県佐世保市立日野中学校　山中　太

1 トークのポイント

　入学式直後の１年生との出会いは，生徒も教師もお互いのことを知らない状態から始まります。言い換えれば，お互いが「０」からのスタートということです。中には，小学生時代のマイナス面を引きずる生徒もいます。入学式直後の短い時間の学活では，生徒の心をリセットして，新しい気持ちにさせる話をしましょう。また，入学式は生徒ばかりではなく，保護者との出会いの日でもあります。教師の思いを伝えることで，保護者に安心感を与え信頼関係を築くことができるのです。

　そして，次の日の学活では，中学校３年間でこんな人になってほしいという教師の願いをじっくりと語ることが大切です。つまり，中学校生活のゴールを意識させる話をするのです。ゴールを意識させ，人として一歩ずつ成長することの大切さを教えたいものです。

2 トークの具体例

　いよいよ中学校生活が始まる緊張の日です。保護者も参観している中ですから，教師も緊張すると思います。しかし，ここは思いっきりの笑顔で話すことが大切です。早口にならないように一人ひとりの生徒の顔を見ながらゆっくりと話します（適度な「間」を入れながら話すと効果的です）。

　入学式でよかったところ（返事の大きさや態度など）の話題から始めると，生徒の緊張感も緩み空気が和やかになります。

先生の名前を知っている人は手をあげてください。

先生の名前は山中太と言います。

（黒板に大きく「山中太」と書く）

名前以外で私のことを何か知っている人は手をあげてください。

（当然，だれも手をあげない）

今日はじめて出会ったのですから，無理もありませんね。つまり，皆さんは担任である山中太という人間について，ほとんど知らないと言ってもよいでしょう。

これを数字で表すと「0（ゼロ）」ということになります。

（黒板に「0」と大きく書く）

では次に，山中先生は，君たちのどんなことを知っていると思いますか？

（ここで意識的に「間」をあける）

実は，先生も皆さんと同じように，君たちの名前ぐらいしか知りません。

（生徒は「えっ」という表情を見せる）

小学校で，学級委員長をしたとか，何か悪さをしたとか，スポーツが得意とか，成績がいいとか，勉強が嫌いとか…，全然知りません。つまり，先生も君たちについて，ほとんど知らないのです。これも数字で表すと「0」ということになります。

（黒板に先ほど書いた0のすぐ横にくっつけて「0」を書く）

皆さん，黒板に注目してください。こんな記号ができ上がりました。

（「∞（無限大）」の記号に似ているものが書いてある）

この記号の意味を知っている人は手をあげてください。

（意見が出なければ，指名する）

これは数学で使う「無限大（限りない）」という意味です。今日ここで出会った，知らない先生の「0」と知らない君たちの「0」が1つになれば，

「無限大」の力となるということなのです。

　何もない「０」がくっつけば「無限大」の力になるのです。今日，この出会いを大切にして，お互い「０」からスタートしますが，協力，団結して，「無限大」の力でこの１年○組を中学校で一番すばらしいクラスにしていきましょう。君たちの無限の力を信じています。

　　ここからは翌日のトークです。まずは昨日の話の確認をします。黒板に「∞」を書き，これはどんな意味だったかを聞きます。答えた生徒を
　「しっかりと覚えていてすばらしい」
とほめます。
　そして，右の図を提示し，
　「どんな３年間にしたいですか？」
と問い，このグラフの意味を説明します。

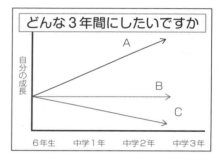

　「Aは６年生のころよりも成長する。Bはあまり変わらずそのまま。Cは手を抜いて楽をした」という意味です。
　自分はA〜Cのどんな３年間にしたいですか？　どれか１つに決めて，手をあげてください。
　（全員がAに手をあげる）
　全員が，３年間がんばって成長したいと考えていて，とてもすばらしいですね。

　さて，Aのように成長するためにどんなことが必要なのでしょうか？
　（「勉強をがんばる」「部活をがんばる」などの意見が出る）

今の意見は確かに必要なことですね。みんなが成長するために，先生が考えた必要なことは，「幸動力」です。

「幸動力」というのは，先生がつくった言葉で，「まわりの人が幸福になるような行動をする力」という意味です。先生は，この「幸動力」を学級のキーワードにしたいと思っています。

幸動力	他人を思いやる
	利他（りた）

①はずんだ大きな声で返事をする
②係や給食当番，掃除などきちんとする
③きまりを守る
④立ち止まりあいさつをきちんとやる
⑤落ちているゴミをすすんで拾う
⑥悩んでいる仲間に声をかける
⑦困っている仲間を手伝う
⑧何事も手を抜かない
⑨気づいてすばやく動く

「幸動」とは，そんなに難しいことではありません。例えば，「あいさつをきちんとやる」「きまりを守る」「係の仕事や掃除をきちんとやる」「悩んでいる仲間に声をかける」「困っている仲間を手伝う」など，あたり前のことをきちんとやることです。自分の幸福だけを優先させるのではなく，まわりの人たちの幸福も考えた行動をとることなのです。

一方，自分の幸福だけを優先させる生き方を「自己中心的」と言います。自己中心的な生き方をしている人は，まわりの人たちからの信頼を得ることができません。最終的には幸福にはなれないと思います。

逆に，自分の幸福よりもまわりの人の幸福を優先させる生き方を「利他」と言います。でも，こんな生き方は，大人でもなかなかできるものではありません。

ですから，自分の幸福を大切にすることを50％ぐらいにして，まわりの人の幸福を大切にすることを50％ぐらいにしてほしいと思います。言い換えれば，これが「思いやり」だと思うのです。

皆さんには，３年間で自己中心的な人間ではなく，「幸動力」を発揮して，思いやりがある生徒に成長してほしいと思います。

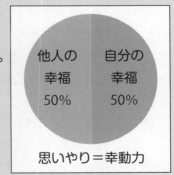

他人の幸福50％　自分の幸福50％

思いやり＝幸動力

> クラスのことを
> かけ算，わり算で考えてみよう

長崎県佐世保市立日野中学校　山中　太

1 トークのポイント

　中学2年は，「中だるみ」の学年と言われます。確かに，人間関係の悩み
が増え，仲間とのトラブルや問題行動が多くなることも事実です。中学校生
活にも慣れてしまい，しかも高校受験への意識が薄いからではないでしょう
か。しかし，そういった学年だからこそ仲間の中の1人であることを意識さ
せ，一人ひとりの責任感を自覚させることが大切なのです。ありきたりな話
や抽象的な言葉ではなく，簡単な「計算式」を提示して話をすることで，生
徒が理解しやすくなります。

2 トークの具体例

　まずは，生徒の様子を静かに見ておきましょう。どんな態度なのかどんな
表情なのか生徒の実態を把握することが大切です。生徒の聞く態度ができな
いうちに話し始めてはいけません。静かになるまで待つことも大切です。静
かに聞く姿勢ができた生徒をほめていくことで，学級全体の空気がよいもの
になります。静かになったら，黒板に学級の生徒数を書きます。

> （黒板に「36」という数字を書く）これは何の数字かわかる人？
> これは，うちの学級の生徒の数です。
> （黒板に「36×1＝」と書く）答えはいくつですか？
> （36という正解が出たら「すばらしい！」と少々オーバーにほめます）

（黒板に「36×2＝」と書く）答えはいくつですか？　72ですね。

（黒板に「35×1×0＝」と書く）答えはいくつですか？　そう，0です。すばらしい学級ですね。数学が得意な生徒が多いようです。

では，この式の意味がわかる人はいますか？

（数名に発表させた後に説明する）「36×1＝36」というのは，この学級の生徒一人ひとりが「1」の力を出せば，36の力になるという意味です。「36×2＝72」というのは，一人ひとりが2の力を出せば，72という大きな力になるという意味です。「35×1×0＝0」は，この学級の生徒35人が力を出しても，たった1人の生徒が力を出さなければ，全体の力も0になるということです。みんなが全力でがんばっても，たった1人が手を抜いたり，問題行動を起こしたりすると学年全体の力が0になってしまうのです。

次に，わり算です。「36÷1＝36」「36÷2＝18」「36÷36＝1」これらはどんな意味でしょうか？

（生徒の意見を聞きながら進める）この学級の1人が1つずつ悩みをもっているとして，1人で悩んでも悩みは36のままです。しかし，2人で悩めば，半分の18に減ります。例えば，いじめられて悩んでいる人がいるとして，1人の仲間が声をかけてあげれば，悩みは半分になるのです。声をかけてあげる仲間が6人いれば，悩みは6に減ります。1人の悩みを学級全員で考えられるようになれば，悩みは1になるのです。これからの一年間，このかけ算とわり算を意識して行動してほしいと思います。これからも，自分だけを大切にするのではなく，仲間も大切にする2年生になってください。

最後に「この数式を掲示しておきますので，いつでも意識してほしいと思います」と言って，カードを黒板に貼ります。

$$36 \times 1 = 36$$
$$36 \times 2 = 72$$
$$35 \times 1 \times 0 = 0$$

$$36 \div 1 = 36$$
$$36 \div 2 = 18$$
$$36 \div 36 = 1$$

「仲間」を意識して行動しよう

長崎県佐世保市立日野中学校　山中　太

1　トークのポイント

　3年生の大きな目標は，生徒一人ひとりの進路実現です。具体的には，希望する高校に合格することが現実的な目標になってきます。高校受験は「団体戦」と言われます。

　そういった意味では，個人ではなく，学級全体あるいは学年全体を意識させる話をすることが大切だと考えます。つまり，生徒一人ひとりに「仲間」を意識させることです。

2　トークの具体例

　いきなり話を始めるのではなく，教室をじっくりと見回し，生徒一人ひとりの表情を見るぐらいの余裕をもちます。この「間」を大切にすることで，適度な緊張感が生まれ，生徒の聞く態度が整います。

　静かになったころを見計らい，黒板に「仲間」「友だち」と書きます（あるいは，カードに書いたものを掲示してもよいでしょう）。

　「仲間」と「友だち」の違いは何だと思いますか？
　（挙手指名ではなく，ランダムに指名して発表させることで，緊張感が高まる。生徒の意見を黒板の左側に箇条書きしていき，ひと通り意見が出た後，「他の意見はありませんか？」と尋ねる）
　「友だち」とは，日ごろから一緒に遊んだり勉強したり相談したりするよ

うな人のことです。

　「仲間」というのは，同じ目標に向かって協力し，努力する集団のことです。では，その「仲間」の目標とは何でしょうか？

　（「体育大会」「修学旅行」「合唱コンクール」といった意見が出ることが予想されるので，個々の意見を認めながら話を進めていく）

　正解は，「高校受験」です。この学級の仲間と一緒に，高校受験という大きな目標に向かって団結していくことになります。学級の生徒だけでなく，この３年生のすべての生徒，そして先生たちも仲間なのです。

　（黒板の右側にカード（右図）を掲示し，同じものを印刷して生徒全員に配付する）

　自分なら，□の中にどんな言葉を入れますか？　今から書いてみましょう。

　（机間巡視をしながら，個々の生徒をフォローしていく（基本的にほめる））

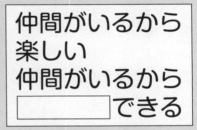

　皆さん，いい言葉を書きましたね。どれも新しい仲間と過ごしていくために大切なことだと思います。

　では，正解を発表します。

　正解は，「前進」です。来年の３月末に，この学級，そして３年生全員が心から笑えるように，仲間と一緒に１年間がんばって「前進」していきましょう！

　生徒が書いたカードは，回収して掲示板に掲示し，また学級通信で保護者に知らせることで，意識を高めることができます。

■教室環境

ポイント **1** 教師の願いと生徒の願いをかけ合わせる

　教室は，教師が授業をするだけの場所ではありません。生徒にとっては長い時間を過ごす大切な居場所です。教師の学級経営方針を基本にしながら，生徒の願いを教室環境に取り入れます。また，一般的に学習規律の面からよいとされる工夫が，学級によっては当てはまらない場合もあります。先入観を捨て，担任をする学級にとっての最善な環境を模索するようにしましょう。

ポイント **2** 席の配置と席決めの最適解は生徒と決める

　中学校は教科担任制のため，座席の配置に担任の裁量を生かしづらい面があります。しかし，教科担任制だからこそ，教科によって柔軟に座席を変えることもできます。席決めについても様々な方法がありますが，生徒の人間関係の状態や時期によって最善の方法は変わります。柔軟に対応しましょう。

ポイント **3** 学級目標と学級スローガンでゴールを可視化する

　学級目標は1年間の学級づくりのビジョンやゴールを示す重要なものです。学級目標には様々な決め方がありますが，学校の方針や教師の願いと生徒の願いを融合させる方法をすすめます。私の場合は学級目標に加えて学級スローガンを決め，スローガンを掲示物として表現します。見映えのする掲示物にすることで，生徒が学級の目指すゴールを強く意識できるようにします。

教室をただの場所から
大切な居場所にしよう！

北海道函館市立亀田中学校　川端裕介

ポイント4　係の働き方改革を掲示物で実現する

　放課後に掲示物をつくろうとしても，生徒は部活動や習い事，教師は会議や他の仕事があって作業時間を確保しづらい面があります。そこで，効率よく作業を進めることで，短い時間で高い成果を出せるようにします。そのためには，事前の計画や準備を丁寧に行い，係の働き方改革を進めましょう。

ポイント5　教室に学級の成長の軌跡を表現する

　生徒は日々成長します。また，学級全体も集団として徐々に成長していきます。生徒や学級の成長に合わせて，教室環境を変化させましょう。教師が作成する掲示物も生徒の作品も，いつまでも同じものだけを飾り続けると見飽きてしまい，停滞感が生じるおそれがあります。成長を可視化できるように，掲示物や教室のレイアウトをよりよい形に更新し続けましょう。

ポイント6　学級活動と掲示物を連動させる

　学級活動の時間に行ったことを掲示物として生かすように工夫しましょう。教室を眺めれば，生徒が学びを振り返ることができるようにします。学級活動の計画を立てるときに教室環境の整備の計画をあわせて考えると，生徒の学びの成果がわかるような教室環境を実現できます。整然としながらも華やかで，生徒が自信をもって過ごせるような空間をつくりましょう。

1 教師の願いと生徒の願いをかけ合わせる

　学級の教室は，生徒たちにとって特別な場所です。美術室に入ると生徒は気持ちが「美術モード」になり，体育館に行けば生徒は「体育モード」に自然と切り替わります。同様に，学級の教室にいるときに「学級モード」になることができるように，教室環境を整備することが大切だと考えます。

　学校生活の中で生徒が最も長い時間を過ごすのが，所属する学級の教室です。ただの場所ではなく，**生徒にとって特別で大切な居場所**になるように，教師として最大限の工夫と配慮を行いましょう。

　教室環境整備のポイントは教師の願いと生徒の願いをかけ合わせることです。私は**教師の願い×生徒の願い＝教室**と伝えています。学校や学級の経営方針を基本にして担任としてのビジョンを示しながら生徒の意見を取り入れて教室環境を整備しましょう。具体的には，学級開きの時点で教室環境に関する担任の考えを示します。掲示物であれば，なぜこの形式と内容でつくり，なぜここに貼るのかなど教室環境のねらいを示しましょう。「いつもそうしている」や「どの学級もそうしている」では，生徒は納得しません。

　そして，生徒の声を聞いて教室環境を改善します。例えば，下は私が担任した学級の写真です。黒板と横の掲示板は卒業式用の特別な形ですが，黒板の上の賞状とトロフィーは常設していました。私は授業中に気が散る心配をしていたのですが，「最後の体育大会の優勝と合唱コンクールのグランプリ

は学級の誇りなので，一番目立つ所に掲示したい」という生徒の意見に応えて，教室の横から移動しました。その後，授業中のよそ見などの問題は増えませんでした。一般的に「教室前方は注意力が低下するので華美にしない」といわれますが，この学級には当てはまりませんでした。逆に，学級への所属意識を高める効果がありました。先入観にとらわれない発想が大切です。

　また，生徒の要望を募集して定期的に掲示物やレイアウトを見直す方法もすすめます。私は整備係の生徒を窓口にして，7月，10月，1月に「教室ビフォーアフタープロジェクト」と名づけて模様替えを行います。

　教室環境に，絶対的な正解など存在しません。学級の数だけ，最善な形があります。教師と生徒の対話や生徒同士の対話を重ね，みんなで教室環境の最適解を探り，最高の居場所をつくり上げましょう。

2 席の配置と席決めの最適解は生徒と決める

　席の配置については，教室が狭いので固定的になりがちです。しかし，学級会でコの字型にしたり，（before コロナでは）給食で向かい合わせにしたりするなど，授業以外で配置を変えるのはよくあることです。また，特別教室では教室と違う席順で座るのが一般的です。中学生は，様々な席の配置にきちんと対応できます。そこで，教科ごとに席の配置を変える方法が考えられます。例えば，英語はペアワークが多いので隣と机をつけるなどの工夫です。教科ごとに席の配置を変えることを，生徒から教科担任へ提案するのもよいでしょう。工夫次第で**自治的な活動につなげる**ことができます。

　また，席の決め方については，時期や学級の実態に応じて様々な方法を組み合わせることをすすめます。私の場合は，最初は生徒間のコミュニケーションを活発にするために，週に1回，Excel の乱数を用いて席を替えます。その後は生徒の意向を聞きながら，班長たちと相談して決めたり，班員だけを決めて座席は班に任せたりするなど，様々な方法をとります。生徒の安心と安全に配慮することを前提としながら，自治的に座席を決めましょう。

3 学級目標と学級スローガンでゴールを可視化する

　私は学級目標を決める際に学校の重点目標と校訓を示し，担任が願う学級の姿を伝えます。その上で生徒の意見を集約し，学級会で決めます。トップダウンでもボトムアップでもなく，**対話によって合意形成を図る**形です。そして，学級目標の理念を端的に表現した「学級スローガン」を決めます。

　学級目標やスローガンは，生徒が学級のゴールを意識できるように掲示物の完成度にこだわりましょう。下の例は，学級スローガン「Pizza」の掲示物です。様々な具材が１つの生地とソースでまとまり感動的なおいしさでみんなに愛されるピザのように，様々な個性を生かしながら共通の目標のために１つにまとまり力を発揮するという意味です。シンプルながらも見やすいデザインに仕上がりました。ピーマンやサラミの油もペンではなく画用紙でつくったこだわりの作品です。効率的な作業の結果，２時間で完成しました。

4 係の働き方改革を掲示物で実現する

　中学校で掲示物をつくる難しさは，時間の制約にあります。放課後は部活動があり，作業時間を長くは確保できません。そこで，**「係の働き方改革」**をテーマにして短時間で質の高い作品に仕上げるように工夫します。

　効率的に作業するコツは，事前の計画と役割分担にあります。下の写真は学級スローガンづくりの様子です。文化係の6人で放課後に1時間の作業を2日間行って完成しました。塗装した発泡スチロールで立体的に文字をつくるなど工夫が満載です。ポイントは，事前の計画にあります。デザインは学級で公募し，投票で決めました。作業の分担と手順，必要な材料は係を中心に事前に決めています。活動中は下の写真のように，テキパキと作業し，短時間で質の高い掲示物を作成しました。

　活動の様子は学級通信で紹介しました。他の生徒や保護者に向けて，作品の完成度に加えて生産性の高い作業がすばらしかったことを伝えました。

5 教室に学級の成長の軌跡を表現する

　教室を生徒にとって大切な居場所にするために，**生徒の成長の軌跡がわか
る**ような教室環境にしましょう。詳細な工夫については，拙著『豊富な実例
ですべてがわかる！　中学校　生徒とつくる365日の教室環境』（明治図書出
版，2020年）にまとめていますが，少しだけ具体例を紹介します。

　下の写真は，担任した学級の後ろ側の様子です。上には，４月の入学時か
ら順番に生徒のスナップ写真を掲示します。教室や学校行事で生徒が見せた，
素敵な表情や輝く姿の写真を厳選します。次第に写真が増えていくので，生
徒が見飽きることはありません。教室にいるだけで，自分たちや学級の仲間
の足跡を振り返ることができるようにします。

　ロッカーの背面には，ピクチャーコラージュを掲示しています。自分の好
きな画像を１枚の紙に貼り合わせ，それをラミネートした作品です。自己紹
介の一環として作成し，作品が見えるようにロッカーの整理を促します。

　卒業前の時期のため，ロッカーの上の掲示板には卒業までのカウントダウ
ンカレンダーを掲示しています。掲示物として日付順に貼ることで，卒業へ
の意識を高めることができます。ピクチャーコラージュやカウントダウンカ
レンダーは，学級活動の時間に作成し，そのまま掲示物として活用します。
このように，生徒の学びの形と成長の姿を教室環境づくりに生かしましょう。

6 学級活動と掲示物を連動させる

　1年間の学級活動の計画を立てる段階から，**学級活動の内容と教室環境の整備を連動**させます。そうすると，学級活動の実施ごとに掲示物を貼りかえることができるので掲示物が色あせてだれも見なくなる問題を防げます。

　下の作品は，マンダラチャート（マンダラート）型の夢マップです。キャリア教育の一環として，将来の夢と達成に向けての目標を表現しています。作品は教室の進路コーナーに掲示します。そうすることで，活動後に作品を鑑賞し合いながら，生徒がお互いの夢について語り合うきっかけにします。

■学級ルール・目標づくり

ポイント **1** 担任として「これだけは！」をつくる

　管理職より担任に命ぜられてから子どもたちと出会うまでの期間は数日あります。この数日でこだわりをもって「これだけは！」ということを考えることは，子どもとの関わりにおける担任としての「ぶれない軸」づくりにつながります。つくるときのポイントは「社会人としての在り方」を意識することです。

ポイント **2** 生活のルールをつくる

　学校生活には当番活動や委員・係活動，給食当番活動等々，多種多様な活動があります。また，授業の合間の休憩時間やお昼の休み時間，登下校も生活の一部となります。ここでのルールは，どの活動や場面にも通じる事柄を，子ども自身に考えさせ，つくっていきます。

ポイント **3** 学習（授業）のルールをつくる

　学級には学習に関わる役割を担っている子どもがいます。各校で名称は異なりますが，例えば，学習委員や授業活性係がそれにあたります。この役割を担っている子どもを中心として学習のルールをつくっていくと，ルールを「自分事」として捉えることにつながり，他者から言われるから守るのではなく，自分たちに必要だから守るという心が育まれます。

ルールや目標をつくる意味を
「自分事」として考えさせよう！

山口大学教育学部附属光中学校　藤永啓吾

ポイント **4** 多様な考えにつながる学級目標（年間目標）をつくる

　年間目標をつくる際のポイントは，①「全員で考える」，②「多様な考え方が連想できる」，③「様々な場面で活用できる」，④「前向きな気持ちになれる」，⑤「特定の行いを禁止すること等につながらない」です。特に重要なことは①で，つくる際の話し合いの時間では，しっかりと「自分事」につながるような場面を設けていくことが大切です。

ポイント **5** 学級目標（年間目標）の掲示物をつくる

　掲示物は大きく「全員」でつくり，教室後方中央に目立つように掲示します（教室前面は授業中に子どもの意識が授業以外に飛んでいく可能性があるため，すっきりさせます）。授業の合間の休憩時間やお昼の休み時間，学級活動等の際に，常に目に飛び込んでくるように，立体的につくることも効果的です。

ポイント **6** 週目標を道徳科の学びとつなげてつくる

　週目標をつくると，子どもの成長の変化を短期間で目的をもって見取ることができます。また，学級経営で重要なことは「担任と子ども」＋「子どもと子ども」の心のつながりです。この心を育む要となる時間は「道徳科」です。そのため，週目標は道徳科の学びの後につくると効果が高まります。

1 担任として「これだけは！」をつくる

担任としての「ぶれない軸」である「これだけは！」の内容は，「社会人としての在り方」をポイントに，安全に関わることから始まり，礼儀に関わることや人間関係に関わること等多岐にわたります。その中で，特に大切にしたいことは，何か失敗をしてしまったときの対応の流れです。

	対応の流れ	失敗例（忘れ物）
①	事実を伝える	○○を忘れました
②	謝罪する	すみません
③	責任を果たす	○日の○時○分までに持ってきます

上記の流れは，忘れ物をしたという失敗の際に，担任に対してどのような流れで何を伝えるかを示しています。この失敗例を他の出来事に置き換えてみます。

	失敗例（けんか）	失敗例（授業に遅れる）
①	けんかをしてしまいました	○○をしていて遅れました
②	ごめんなさい	すみません
③	今後は気をつけます	次の時間は遅れないようにします

①〜③の流れは，どの場面でも，そして社会人になったとしても活用することができます。大切なことは，社会人として身につけることが望まれている事柄を子どもに教えることであり，それをゆっくりと育んでいくことです。学校生活とは安全に失敗や成功を経験する場です。何度失敗したとしても，対応の流れがしっかりしているならば，ほめてあげたいですね。

2 生活のルールをつくる

学校生活の様々な場面に通じるルールは，A「安全に関すること」と，B「人間関係に関すること」です。

まず，AとBのどちらのルールを考えたいかを確認します。その後，以下

の流れでルールを決めていきます。

①ルールをつくる条件「学校生活の様々な場面に通じる事柄」を伝えます

②個人で考えます（短く覚えやすい言葉が望ましいです）

③４人組（学級によっては３〜５人）になり，考えを出し合います

④４人の考えを１つにします（１人の考えに賛同するのではなく，４人の考えをあわせた新たな考えをつくります）

⑤黒板に④の考えを書き出します

⑥代表者に考えた理由を発表させます

⑦発表後，多数決をとります（１回の多数決ではなく，はじめは半分に，次は３つにというように，３〜４回に分けて多数決をとります）

　ルールをつくった後は，生活の中で振り返りの場面を設けます。ルールは，つくることよりも「自分事」として理解していくことが重要となります。

3 学習（授業）のルールをつくる

　学習（授業）のルールをつくるときには，事前に学習に関わる役割を担っている子どもと打ち合わせをすることが重要です。その後，学級会において子どもが司会進行を担い，学習（授業）のルールをつくっていきます。その際，ルールだけでなく，つくる目的や効果を考える場面を設けると，ルールを「自分事」として捉えることができるようになります。また，ルールをつくった後に大切なことは，ルールを守ることの徹底です。そのため，朝・夕の学級活動等で，ルールに対する自分の取組を数値で評価したり，振り返ったりする場面を設けることが重要です。その中で，担任の役割は役割を担っている子どもの取組に対する価値づけや，子ども全員に対するルールを守っていることへの称賛です。この価値づけや称賛が多ければ多いほど，子どもたちは自治的な活動に楽しみを覚え，自ら考え，自ら確認し合い，自ら高め合う学級へと成長していきます。まさに「自分事」がよりよい効果を生む瞬間といえます。

4 多様な考えにつながる学級目標（年間目標）をつくる

　学級目標は年間目標ともいえます。この目標をつくる際に大切なことは，1つの考えに偏らないことです。例えば，「けじめをつける」という目標をつくったならば，「この学級にいる以上，どんなときもけじめをつけないといけない」と負担感を感じてしまう子どもが出てきたり，担任が目標をもとに特定の行いを禁止したり，強制したりすること等が考えられます。どちらも子どもにとっては望ましいとはいえません。

　学級目標をつくるポイントは3つです。
①多様な考えにつながる
②全員で考える
③普段から声に出したいと思う言葉にする

　例えば，学級目標を「秀大星」とします。この言葉からは「秀でる」「大きい」「星の輝き」等の多様な考えが生まれ，年間にある様々な行事に活用しやすくなります。また，目標を全員で考えると「自分事」となり，集団に協力しようという思いが高まります。そして，短く声に出しやすい言葉なので，普段から繰り返し言うことができます。そのため，学級目標が飾りとならず，学級の成長のための「合い言葉」になっていきます。

5 学級目標（年間目標）の掲示物をつくる

　教室後方の5分の1程度の面積を使って，大きく，幅広く，ダイナミックな掲示物を作成することがポイントです。子どもの目に常に飛び込んでくるからこそ，心に浸透し，学級への所属意識が高まってきます。また，つくる際には，大小の掲示物を同時につくり，必ず「全員」が関わることが大切です。写真の星型の掲示物には，子どもの学級目標をもとにした個人目標が書かれています。「全員」で決めた学級目標を常に意識する1年間にしていきたいと思っています。

6 週目標を道徳科の学びとつなげてつくる

　週目標とは子どもの成長を短い期間で見取り，価値づけていくための目標
です。この目標を道徳科の学びとつなげると，内容が生活，学習，人間関係，
家庭，地域，国際社会，生命，自然と多岐にわたってつくることができます。
また，道徳科の学びは子どもの心の育みを目指して行われる道徳教育の要の
時間であるため，50分で学び考えた自分や人間としてのよりよい生き方を，
実生活へとつなげて考え続けていくことができます。

　週目標のつくり方と活用方法は次の通りです。

①テーマを設けて道徳科を実施する（例：ありがとう，感謝，愛）

②テーマをもとに週目標を子どもとともに考える

　（例：「ありがとう」を大切にする Week）

③翌日から次の道徳科の時間まで，朝と終わりの学級活動の時間に，週目標
　の意識づけや振り返りを行う

　週目標のスタートは週はじめとは限りません。道徳科を実施する曜日が水
曜日であれば，木曜日がスタートとなります。ここでの大切な視点は「カリ
キュラム・マネジメント」です。週のはじまりは月曜日からという固定観念
から脱却し，様々な活動を有機的につなげていきながら子どもにとっても担
任にとってもよりよいスタートをつくっていくことが重要です。

ぐるぐる自己紹介で
楽しく関係づくりをしよう

所要時間：50分

東京都港区立赤坂中学校　辰巳裕介

1 ねらい

　ちょっと変わった自己紹介で，全員が楽しく参加し，学級内の人間関係を向上させる。

2 準備物

●アンケート用紙
●順番表

3 活動例

❶自己紹介を記入する

　「趣味，自分を動物にたとえるなら，尊敬する人，好きな有名人，これだけは絶対ゆずれないこと，もし前世があったらなんだったと思う？，実は私……なんです」等，クラスの雰囲気に応じて4〜5題程度の質問を紙に印刷し，生徒に記入してもらいます。（人を傷つける言葉がないか，一度回収してチェックしておくとよいでしょう）

❷グループで自己紹介

　4〜5人1組にして，1人司会者を決めます（司会者は固定にして，重複なく3セット分の組分けを事前に作成しプリントなどで示しておくとスムー

ズに進みます）。司会者を前に呼び，先生が全体にデモンストレーションをします。１つずつ書かれた内容を読み上げ，すべてを読み上げた後，司会者以外がそれがだれなのかを予想し，指を向けます。司会者は正解を発表し，該当する生徒は自分の名前と，内容について話します（すべてでなくてOK）。ルールを理解できたら自己紹介ゲームをスタートさせます。

❸ぐるぐる回る

　班員全員の自己紹介が終わったら，あらかじめ決めておいた新グループに分かれ第２セット開始。自己紹介も２回目，３回目となると，みんな上手に話していきます。

❹時間があれば

　最後にそれぞれが全員の前に立ち，自分の名前だけを言って終わりにさせます。「みんなよく話を聞けていた」とほめ，それぞれの個性豊かな仲間を大切にできる，笑顔あふれるクラスにしたいことを伝えて終わりにします。

■学級づくりのアクティビティ／1年

「大人」をキーワードに
学級委員を選ぼう

所要時間：50分×2

東京都港区立赤坂中学校　辰巳裕介

1 ねらい

「大人」をキーワードに学級委員を選出する。どういうクラスにしたいか，どう成長したいのかを生徒とともに考える。

2 準備物

●アンケート用紙

3 活動例

❶「大人とはなにか」で道徳授業をする

「大人」ってどういう人？という授業をします。このワンテーマだけでかなり話し合いが盛り上がります（教科書から展開してもOKです）。コツはできるだけ少人数（多くても4人1組）で話し合い活動をすることです。

そこで「大人」像について議論し，それぞれのグループのアイデアに「どうしてそう思う？」「そうじゃない大人がいると思うけど？」の2つの質問を投げかけながら，最終的に全体でシェアリングします。

最終的に全員で確認した「大人」に近づき，成長できる学級にしようと締めくくるとよいでしょう。

❷学級委員選出アンケート

　この学級で一番「大人」である生徒を学級委員選出アンケート用紙に記入させます。立候補制にしないことがポイントです。その理由も書かせます。理由は「大人」像で話し合った内容が中心となるはずです。

❸全員の前で読み上げる

　集計後，全員の前で「選んだ理由」を読み上げ，得票数が多かった生徒に学級委員をお願いします。その場で一言ずつ話してもらい，「○○さんを中心に，みんなが大人になれるクラスにしていこう！」と締めくくります。

❹時間があれば

　「大人」というキーワードで集まった言葉を一覧にし，教室に掲示します。何か小さなトラブルなどがあったときは，その一覧を振り返って指導すると，スッと話を理解してもらえるときもあります。継続的に使ってみてください。

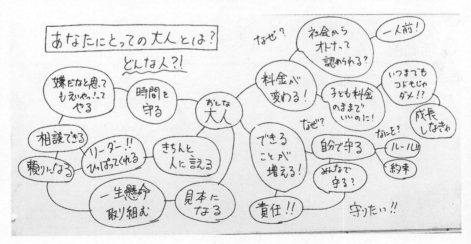

全員参加で
学級目標をつくろう

所要時間：50分＋放課後

東京都港区立赤坂中学校　辰巳裕介

1 ねらい

学級目標を全員が参加して作成することで，クラスの「一体感」を感じられるようにし，その先の目標掲示物作成で次の活動につなげる。

2 準備物

●工作用具（学級目標の作成内容による）

3 活動例

❶学級目標のアイデア出し

学級目標を決めるときは，それぞれが話し合いに参加できるように少人数（4人1組程度）で，「こういう学級だったらいいな」というアイデアをできるだけたくさん出してもらいます。

❷選定する

少人数グループで「これ！」というアイデアを2つ程度選び，全体でシェアリングします。同じアイデアは重ね，クラスが感動するアイデアはつけ加え，全体の合意を得ながら，1つのものにしていきます。

❸掲示物を全員で作成する

　掲示物作成はたくさん方法がありますが，ここでは２つ紹介します。１つは，学級目標の文字数をクラスの人数に合わせ，１人１文字を書いていく方法です。書くときに「うんとオリジナルなものを！」とつけ加えると，文字の中に自分の名前を埋めるなど，考え抜いた個性を発揮してくれます。もう１つは，手形＋下の名前を書き加える方法です。模造紙に学級目標を書く場合は，文字だけではなく，その周囲にクラスの生徒の名前を書き入れることをおすすめします。可能なら手形を押してその下に名前を書いてみたり，手形が難しければ手のサイズをかたどった画用紙を貼ってみたりして，人柄が表れるような形であるとよいでしょう。

❹全員が見ている前で発表する

　全員がいる前で１つずつ丁寧に見てください。そして最大限にほめてあげてください。このような掲示物作成の経験は，みんなで作業する楽しさを伝えることができます。また各種行事のときの共同作業への意欲にもつながります。中学１年生最初の作成なので，教員主導であれこれレクチャーしてあげてください。行事前に「黒板アートをしたい！」という発言になったり，最終的に卒業式前に「何かしたい！」という気持ちにつながったりしますよ！　筆者は特別支援学級のため，配慮した形で作成しましたが，それでも個性あふれる文字を書いてくれました。

ソーシャルディスタンスを保って円になろう

所要時間：50分

千葉県市原市立双葉中学校　生稲　勇

1 ねらい

　ソーシャルディスタンスを意識しながら，ノンバーバルコミュニケーションで課題を解決することで，普段気づかない表情や動作などから得るコミュニケーションを大切にする心を育てる。

2 準備物

●割りばし（1人1本）

3 活動例

❶活動の目的を伝える

　「言葉を使わずにコミュニケーションをとることで，言葉以外のコミュニケーションのとり方に気づくとともに，言葉の大切さを感じる」
　「みんなで協力して課題を解決する」
の2点を伝えます。

❷活動の内容を伝える

　「これから，6人1組で向かい合って円をつくります。ソーシャルディスタンスを保つために，隣の人と手をつながずに，割りばしを人差し指で互いに支え合いながら円をつくってみましょう。もちろん感染予防を意識して，

しゃべってはいけません。円ができあがったら，次にみんなで協力して，背中合わせの円をつくります。そのときに割りばしを落としてしまったら，最初の円にリセットされます。言葉を使わずにコミュニケーションをとりながら，円をひっくり返してみましょう」

　以上のように伝え，6人1組で円をつくらせます。

❸留意点を伝える

　「ソーシャルディスタンスを意識して，言葉を発せずに行うこと」
　「みんなで協力して活動すること」
の2点を伝えます。

❹活動に入る

　1グループ6人程度で向かい合って，割りばしを人差し指で支え合いながらきれいな円をつくります。割りばしでは指が痛いようなら，ペンなどを使用してもかまいません。最初に完成のイメージをもたせるために，背中合わせで割りばしをはさんだ円を一度つくらせておくと，活動がスムーズに進みます。実は言葉だけではなく，手も封じられているので，コミュニケーションをとることがものすごく難しくなります。それをどう乗り越えるかがこのアクティビティのねらいになります。マスクをつけて行うとさらに難易度が上がります。

所要時間：50分

みんなでペーパータワーをつくろう

千葉県市原市立双葉中学校　生稲　勇

1 ねらい

　自分と友達の考えを十分に交流させ，協力して製作することで，学級内の人間関係を向上させる。

2 準備物

●使用済みの印刷用紙（A4またはB5，1グループ20〜30枚）

3 活動例

❶活動の目的を伝える

　「友達の考えを聞くこと，自分の考えを話すこと」

　「班のみんなで協力して一番高いタワーをつくること」

の2点を伝えます。

❷活動の内容を伝える

　「これから，使用済みの印刷用紙を使ってタワーをつくります。紙は折っても，丸めても，破ってもかまいませんが，紙以外のもの（ハサミやセロハンテープなど）は使えません。15分経った段階で一番高いタワーをつくった班が優勝です。どれだけ高いタワーができても，15分経ったときに倒れていたら無効です」以上のように伝え，生活班の形に移動させます。

❸留意点を伝える

　「実際にタワーをつくる前に5分間の作戦タイムをとります。この作戦タイムで，どうやってタワーをつくるか，十分に話し合ってください。ただし，そのときに紙を使うことはできません。言葉だけでコミュニケーションをとってください。タワーは床につくりましょう」

　「『みんなで』を意識して，全員で活動しましょう」

の2点を伝えます。

❹活動に入る

　最初に5分間の作戦タイムをとります。なかなか班で話が進まないような実態のある学級ではここで10分間くらいとってもかまいません。ここでの話し合いが今回のアクティビティでは重要になります。

　次にタワーづくりに入ります。ときどき「みんなでやっていますか？」と留意点の確認を行います。

　15分経った段階でストップをかけ，タワーが倒れないことを確認し，計測に入ります。時間短縮のためにはタブレット端末の計測アプリを活用すると素早く計測でき，途中でタワーが倒れる危険性が低くなります。

　最後に振り返りを必ず行い，だれのどういう言動がよかったか，どんな場面でどんな気持ちになったかをシェアリングします。

所要時間：50分

言われたい言葉，
言われたくない言葉を考えよう

千葉県市原市立双葉中学校 **生稲 勇**

1 ねらい

　教室で何気なく使っている言葉に注目させ，学級が自己肯定感を高め合う言葉であふれるようにする。

2 準備物

●大きめの付箋2色（1人に5枚ずつ，強粘着）
●模造紙（1枚）
●マジック（太めのもの，各自に1本ずつ）

3 活動例

❶活動の目的を伝える

　普段教室で何気なく使っている言葉に注目して，言葉のもつ力について考えることを伝えます。

❷活動1を行う

　「今から，友達に言われたらうれしいと感じる言葉をピンクの付箋に書きます。マジックの太い方を使いましょう。1つの言葉を1枚の付箋に書きます。他の人と同じ言葉になってもかまいません。また1人に5枚ずつ付箋を配ってありますが，たくさん思いついた人は6枚目，7枚目を書いてもかま

いません」以上のように伝え，５分間の活動に入ります。

❸活動２を行う

　「次に，友達から言われたくない言葉，学級の中で聞きたくない言葉を，青い付箋に書きましょう。書き方は先ほどと同じように１つの言葉を１枚の付箋にです」と伝え，５分間の活動に入ります。

❹活動３を行う

　書きあがった付箋を，黒板に貼った模造紙に貼りつけていきます。ピンクの付箋を内側に，青の付箋を外側に貼るように指示し，１人ずつ「言われたい言葉は○○で，言われたくない言葉は○○です」と言いながら貼っていきます。だれかと同じ言葉であれば，その付箋の近くに貼ります。

　実際に貼りながら，生徒たちの発案で，ピンクの部分をハート形に変形させていき，温かい感じの掲示物になりました。ただ貼るだけではなく，「青い付箋に書かれた言葉が学級から消えたら，その付箋をはがそう」という約束をして，経過や変化を見ながら振り返りを行える掲示物にします。

■日直・給食・掃除

ポイント1 仕事分担を明確にする【日直・給食・掃除共通】

　中学校は担任教師がいつも教室にいることはできません。生徒たちが自分たちで限られた時間の中で各種の仕事を回せるようにしなければなりません。そのために「だれが，いつ，何をするのか」を明確にする必要があります。

ポイント2 1人より2人で行わせる【日直】

　日直を1人で行う学級もあるでしょう。責任感をもって取り組むには効果的です。私は2人日直を設定します。それは2人をチームとして機能させて，仕事を行う以外にも2人の関係性を深めてほしいと願っているからです。

ポイント3 プラスαの特殊任務を与える【日直】

　せっかくみんなの前で話せる立場ですから，仕事をこなすだけでなく特殊任務を与えて，教室に潤いを与える存在になってもらいます。

ポイント4 分担を教卓近くに「掲示」する【給食】

　中学校の給食時間は短く，いかに短時間で効率よく準備するかが重要です。役割分担を明確にして食事の時間をきちんと確保できるようにします。ポイントは分担を「掲示」することです。

システムづくりと関係づくりは
自治的集団への第一歩

新潟県上越市立城西中学校　岡田敏哉

ポイント5　おかわりシステムを確立する【給食】

　給食中におかわりをする光景は成長期の中学生のほほえましい姿です。しかし，一歩間違えるとそこには弱肉強食の関係が見え隠れすることがあります。それを未然に防ぐのは担任の重要な役割です。

ポイント6　盛り残しをゼロにする【給食】

　食品ロスは今や世界の関心事です。食育の一端を担う給食指導においても残食はなるべくゼロにすべきです。そのための手段として給食当番の生徒がすべてを盛りきるよう指導します。

ポイント7　仕事の隙間を意識させる【掃除】

　個人に仕事が割り振られて，みんなで清掃をします。しかし仕事と仕事の間には隙間が生まれます。隙間に気づき埋め合おうとする態度を育てます。

ポイント8　清掃で身につけさせたいことを伝える【掃除】

　中学校学習指導要領には「清掃」という言葉は出てきません。その意味では他の学級活動とは少し毛色が異なる活動といえます。清掃をすることで生徒に何を学ばせますか？

1 仕事分担を明確にする【日直・給食・掃除共通】

　　自治的集団の入り口は，生徒が決められた時間に決められた仕事や作業をきちんと行えることです。教師がその場で指示しなくても，各自に割り振られた仕事分担が機能する状態をつくります。明確な仕事分担はその土台となります。例えば，日直では次のような仕事を明示します。

・朝学活，終学活の司会進行
・朝の環境整備（夏の窓開け，冬の加湿器給水，電気スイッチ）
・放課後の環境整備（翌日の日直のネームプレート，日付変更，電気スイッチ，カーテンを束ねる，夏の冷房オフ，冬の暖房オフ）

　　教科担任制の中学校においては，担任教師がいつでも教室にいられるわけではありません。仕事が停滞したときに「ねぇ，あの仕事やった？」と指摘し合える人間関係をつくり，チェック体制が機能する状態にすることが重要です。

2 1人より2人で行わせる【日直】

　　私は2人日直を設定します。仕事の内訳を次のように示しています。

〈日直A担当〉	〈日直B担当〉
・8：15までに集配かごをとりに行く	・電気をつける
・8：30に朝学活を始める　司会進行	・雨の日以外，窓を開ける
・給食の「いただきます」	・集配かごを集配棚に置きに行く
・学級日誌の記入	・給食の「ごちそうさまでした」
	・終学活の司会進行

2人日直のメリットは大きく分けて2つあります。1つはお互いの仕事のチェック機能が働きやすいこと。もう1つは仕事を通して2人の関係性をつくること。その日の仕事をともに達成し，仕事の質から関係の質の高まりをねらいます。

　司会や環境整備の仕事が機能することはもちろん大事です。それに加えて，「時間だよ。朝学活始めよう」「電気まだだったね。つけておくね」「ありがとう」こんなやりとりが2人の間に生まれることをねらいます。そして互いの仕事を補い合う姿を，終学活などで学級全体に知らせ称賛します。そうすることで，より機能的に日直の活動が行われるようになります。

3 プラスαの特殊任務を与える【日直】

　2人日直制では，日直を担うのは40人学級であれば20日に1回。日直は学級生活を機能させる重要な役割ですが，司会進行や環境整備などの仕事に従事させるだけでなく，特殊任務を与えます。

　それは「その日はいつも以上に周囲に目を配ってだれかのよさを発見すること」です。それを終学活で発表させます。学級によって呼び名はいろいろあるでしょう。「今日のMVP」「今日の『いいね』」「『ありがとう』を伝えたい人」などが考えられます。普段は見過ごしてしまいそうな仲間のよさに，その日だけは敏感になって1日を過ごします。

　これを毎日違う生徒が行いますから，学級に「人のよさ」に注目する風土ができてきます。

4 分担を教卓近くに「掲示」する【給食】

　中学校の給食時間は小学校よりも5～10分程度短く設定されていることが多いです。入学後間もない1年生に小学校との違いを尋ねると，「給食の時間が短い」と答える生徒もいます。いかに短時間で効率よく準備するかが重

要です。

◆給食当番　白衣番号と役割分担

連絡片付け	ゴミ袋セット	ワゴン持ってくる	ワゴン片付け	ごはん持ってくる	ごはん片付け	牛乳 持ってくる 瓶量チェック
配膳	主菜	しる①	しる②	ごはん①	ごはん②	副菜
白衣番号	NO1	NO2	NO3	NO4	NO5	NO6
1班						
2班						
3班						
4班						
5班						
6班						

＊給食長↑

　このような分担表をつくり教室掲示します。だれでも見られるように「教卓のそば」に掲示します。

　学年に複数の学級がある場合，給食指導を学年部職員でローテーションしている学校もあるでしょう。担任ではない教師が給食指導に入る場合，「今週はだれがどの仕事を担うか」が一目瞭然であることが非常に重要です。学年で分担表の掲示場所を統一して，だれでも指導しやすい状況をつくることが，ゆったりと食事ができる時間の確保につながります。

5 おかわりシステムを確立する【給食】

　給食中におかわりをする光景は成長期の中学生のほほえましい姿です。しかし，一歩間違えるとそこには弱肉強食の関係が見え隠れすることがあります。「おい，お前の肉よこせよ」「デザートいらないでしょ。ちょうだい」など，個人間のやりとりを許容すると，搾取する側とされる側が定常化する危険性があります。

　私は次のきまりを年度はじめに提示します。学年職員に相談して，学年共通のきまりにすることが望ましいでしょう。

- ・量を増やすよう給食当番に頼むのは禁止とする（減らすのは可）
- ・個人間の食品のやりとりは一切禁止する
- ・「いただきます」後，食べきれない量のものは食缶に戻す
- ・おかわりしたい人は食缶のものを公平に分配する。分けられないもの（固形物等）は潔くじゃんけんで分ける
- ・どうしても食べられないものはすべて戻すのではなく一口だけがんばる

　楽しいはずの給食の時間を，いじめの温床にしてはならないのです。また，苦手な食材を無理やり食べさせる指導は時代に合わないでしょう。アレルギーなど，給食は非常にデリケートな問題を含みます。

　私は「一口がんばる」ことを推奨しています。13歳から15歳の彼ら。数年後には親になる子が出てきます。3年生にはよくこんな言い方をします。

　「あなたが○○を嫌いで食べないのはいいけど，あなたの子どもにはちゃんと○○を食べさせなきゃいけないよ。だから未来のお母さんとして，一口食べる努力をしよう」

　少し先の未来を思い描かせ，いろいろな食材をバランスよく子どもに食べさせてくれる親になるイメージをもってほしい。そう願って指導します。

6 盛り残しをゼロにする【給食】

　食品ロスは今や世界の関心ごとです。生徒たちは，年中いつでも好きなものを好きなときに食べられる飽食の時代に生まれています。一方で，朝食をきちんと食べられない子もいます。

　毎日の給食指導が子どもたちの食への関心や，「もったいない」という意識を育てる一助になります。私は給食当番への指導で次のことを徹底させます。

> ・汁物担当　　：配膳終了後食缶はすべて空になるように盛りつける
> ・ごはん担当：お米は米粒をなるべく削りとって容器をきれいにする
> ・副菜担当　　：配膳終了後，ボウルの中には汁しかない状態にする

　当番の盛り方によっては，前半に配膳した生徒と後半に配膳した生徒の盛りつけ量に差が出ることもあります。しかし先述したように，「いただきます」の後に食缶に食品を戻すことは可能ですから，盛りきることを優先させます。給食当番がすべてを盛りきり，食べられない人が食品を食缶に戻し，それから公平なおかわりタイムに入っていきます。

7　仕事の隙間を意識させる【掃除】

　10〜15分程度が一般的な清掃時間でしょう。下のような表や円盤などで役割分担を日替わりや週替わりで変えていく方法が一般的です。

教室清掃　役割分担

	氏名	月　日〜	月　日〜	月　日〜
1		ほうき　廊下側半分	雑巾　駐輪場側	廊下モップ　机運び
2		雑巾　廊下側 水くみ	ほうき　廊下側半分	雑巾　駐輪場側
3		ほうき　駐輪場側半分	雑巾　廊下側 水くみ	ほうき　廊下側半分
4		雑巾　中央 水捨て	ほうき　駐輪場側半分	雑巾　廊下側 水くみ
5		前黒板そうじ チョーク置き場水ぶき	雑巾　中央 水捨て	ほうき　駐輪場側半分
6		廊下ふき　机運び	前黒板そうじ チョーク置き場水ぶき	雑巾　中央 水捨て
7		廊下モップ　机運び	廊下ふき　机運び	前黒板そうじ チョーク置き場水ぶき
8		雑巾　駐輪場側	廊下モップ　机運び	廊下ふき　机運び

　重労働の雑巾担当が連続しないよう配慮します。公平に負担を分け合わせ

ます。しかしどんなに配慮しても，仕事と仕事の間には必ず「隙間」が生まれます。仕事の「隙間」に気づき，そこを埋め合おうとする態度を育てます。例えば，雑巾がけを3人で担当します。教室床面積を3分割して各自が担当します。放っておくとそれぞれの担当部分に板1枚分くらいの「隙間」ができます。ほうき担当が3人のとき，普通は最後にゴミをとる生徒は1人です。その生徒がゴミをとり始めると，他の2人は「もう自分の仕事は終わり」と考え，片づけを始めます。ここに「隙間」が生まれます。「ここからは自分の仕事ではない」と各自が考えれば，仕事の「重なり」は生まれません。ゴミをすべてとりきるまでは，ほうき担当全員の責任という考え方を浸透させます。清掃中の「隙間」を見かけると，私はこう声をかけます。「おーい，まだほうきチームの仲間が仕事しているぞ」「あれ，板1枚分がふけてないなぁ。コミュニケーションとれてる？」

　仕事と仕事の「隙間」に気づける心。きっと将来的に彼らの仕事を支えるものになると考えます。

8 清掃で身につけさせたいことを伝える【掃除】

　中学校学習指導要領には「清掃」という言葉は出てきません。その意味では他の活動とは少し毛色が異なる活動といえます。それでも全国の学校で当たり前に行われている清掃。清掃をすることで生徒に何を学ばせますか？

　いろいろな考え方があると思いますが，私は森信三氏の「学校職場再建の三原則」を生徒に伝えます。

> 時を守り，場を清め，礼を正す

　「場を清める」ことが組織をよくする。そのために自らの手を動かすことを厭わない態度と考え方は，生徒が今後所属していく組織やコミュニティで，彼らが周囲から愛されるための素地となる。私はそう考えています。

■係活動

ポイント **1**　当番活動と係活動の違いを押さえる

　生徒が教科等の授業時間外に取り組む活動として，当番活動と係活動があります。どちらも生徒の主体的な取り組みを願う活動です。当番活動は毎日同じ手順で繰り返される学級全体に奉仕する活動と考えます。一方，係活動は自分たちで創意工夫をして，クラス全体の文化を高める活動と考えます。

ポイント **2**　仕事をやりきる責任感を育てる

　ホワイトボードとネームプレートを用いて，だれが担当かわかるようにします。本人だけでなく，周りの友達もわかることで，仕事を意識することができます。

ポイント **3**　創意工夫して係活動を進める

　創造的な活動で，あったら生活が豊かになるものを生徒たちが考えます。係活動は，自分たちの学級での生活の充実と向上を目指した，子どもたち自身の願いや思いによる自発的な活動です。

　他人任せになってしまわないように，多くても1つの係に2人までとします。また，活動に行き詰まったら，いつでも変更可能にします。

　自分が得意とすることを生かした活動はもちろん，クラスの中で，「こんなものがあったらおもしろい」というアンケートもとり，参考にします。

係活動を通して，
主体的な活動を引き出そう！

山梨県南部町立南部中学校　小池あゆみ

1 当番活動と係活動の違いを押さえる

　係活動とは，自分たちの学級での生活の充実と向上を目指した，子どもたち自身の願いや思いによる自発的な活動です。その考え方は，「仕事の内容を自由につくりだすことができ，創意工夫を十分に発揮できるが，自分から見つけださないと仕事がない活動」「子どもたちの自主的な計画に任されている活動」です。このことを踏まえて，生徒たちは多くの係を考えます。

2 仕事をやりきる責任感を育てる

　仕事が停滞しないようにするために，今日の担当がだれなのか一目見てわかるようにします。ホワイトボードとネームプレートを使い，活動の掲示物を工夫をします。両面使える色のついたマグネットを使用します。

3 創意工夫して係活動を進める

　一人ひとりがどうすれば自分たちの学級がもっと楽しくなるのかを考えるために，係活動をつくります。
　自分がやってみたいものを考え，活動する場合もありますし，友達からのリクエストに応えて活動を進めることもあります。活動していく上で，行き詰まってしまった場合は，いつでも変更可能にします。

３年生は受験対策として，帰りの会で各教科の問題を出す「クイズ係」も
あります。とにかく自分がやってみたい，おもしろそうだ，と思ったものを
どんどん採用して活動します。学期の最後には，それぞれの係についての振
り返りもします。

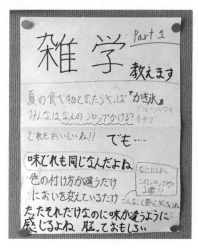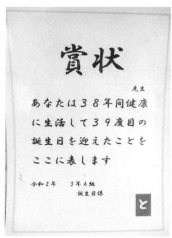

　雑学係は，いろいろな雑学を掲示します。誕生日係は，誕生日の相手に賞
状を贈ります。

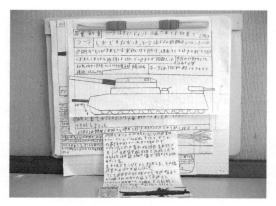

　特別な支援を要する生徒の係活動です。大好きな戦車について紹介してい
ます。特別な支援を要する生徒も自分の好きなことを係にしています。

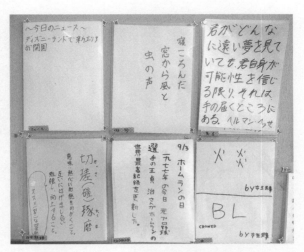

　四字熟語や名言，今日のニュース，今日は何の日など。クリアケースに入れて更新していきます。

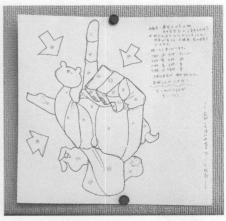

　友達の変顔を写真で撮る「カシャッと係」。どの生徒も，こんなことが普通にできてしまうほど，温かな雰囲気です。

　右側は，完成してはいけない塗り絵です。忘れ物をしてしまったら色を塗ります。逆の発想がとてもおもしろいです。これは「イラスト係」が考えました。

■朝の会・帰りの会

ポイント **1** 活動の中の必要な事柄の中に自身の「想い」を込める

　朝の会・帰りの会で行う内容はルーティンにしながらも形式的なものに終わらせない工夫が必要です。自身の学級に対する想いを入れていきます。

ポイント **2** 学級経営で大切にしたいことを内容に盛り込む

　朝の会も帰りの会も，学級経営を円滑に進めるための大事な活動です。生徒たちにもたせたい意識を明確にした内容で，さらにそれが全員に共有されるような仕掛けが必要です。

ポイント **3** 時には，流れを変えておもしろい内容を盛り込む

　流れやルーティンも大事ですが，時には，流れにないことを突然行って生徒を驚かせたり，生徒と一緒に楽しむことを内容の中に盛り込んだりすることも大切です。

ポイント **4** システムの定期的な振り返りとメンテナンスを行う

　ルーティン化した朝の会と帰りの会は，慣れると少し気が抜けてしまうことがあります。短いながら毎日行う活動を意味のあるものにするために，システムの定期的な振り返りとメンテナンスを行います。

短い時間の中にこそ，自分の「想い」を込めよう！

群馬県高崎市立東小学校　久下　亘

1　活動の中の必要な事柄の中に自身の「想い」を込める

　朝は登校してすぐに1校時が始まり，放課後もすぐに部活……と，中学生の学校生活はとても忙しいものです。朝の会・帰りの会は5分，とれても10分ぐらいだと思います。だからこそ，その時間を有効に使うことが必要です。ですから，まずは会の流れをルーティンになるように仕組むことが大切です。10分の中で行えることは限られています。また，生徒の健康観察をしたり，連絡事項を伝えたりするなど，しなければいけないことがいくつもあります。しかし，この活動の中に学級の雰囲気を形成したり，学級が成長に向かったりする価値を盛り込んでいきたいものです。ですから，朝の会や帰りの会でしなければいけないことの中に，自身の考えるこう育ってほしいという生徒像や想いを込めて，それを折にふれて伝えていくことが大切です。例えば，私の場合，健康観察なら健康状態のやりとりを生徒同士に行わせて，互いのことに関心をもつことの大切さを伝えたり，クラスのだれがどのような様子かを知ることの大切さを伝えたりします。そして，折にふれて教師の考える行動をした生徒には肯定的なフィードバックを与えたり，そこに向けてがんばろうとする生徒に声をかけたりすることで，クラス全体の成長を願う教師の想いをアウトプットしていきます。

2　学級経営で大切にしたいことを内容に盛り込む

　10分という時間でも工夫次第で，自分のイメージするゴール像に生徒を近

づけることができます。私がおすすめするのは，「１分間ペアトーク」や「１分間グループトーク」です。どちらも「同じ空間で過ごす生徒同士が互いに関心をもち，物理的・心理的つながりを醸成すること」を目的としています。朝の会では「昨日の夜，何してた？」をテーマに，帰りの会では「今日はこんな１日だったよ」などをテーマにして，話し手は自分のことを相手にわかってもらえるように話し，聴き手は相手にもっと話したいなと思ってもらえる聴き方を意識して，１分間行うように指示します。

　はじめは２人組で，隣同士，縦ペア，横ペアと毎日人を変えて行います。異性を意識しだす年齢ですが，だれとでも会話をすることの意味を生徒たちに伝え，協力してもらうようにします。

　トークテーマは何でもよいです。大切なのは，「相手に関心をもって話したり，聞いたりすること」にあります。そこを生徒たちが納得して行えるようにしましょう。

3 時には，流れを変えておもしろい内容を盛り込む

　朝の会や帰りの会は，使える時間が限られていることもあり，先生方によ

ってそれぞれの決まった流れがあると思います。もちろん，流れを決めてそれをルーティン化することも大切ですが，ときどき，そこに変化を加えることも必要であると考えます。

例えば，生徒が誕生日を迎えたら全員で「おめでとう！」と言ってあげたり，年中行事（ハロウィンや節分）のときに生徒とともに楽しんだりします。また，印象的なことがあったら「今日のMVP」を発表し，ヒーローインタビューをしたり，逆に，「今日のごめんなさい」と称してクラスの友達の前で話したりもします。毎日でなく，ときどき流れにない活動を取り入れることは教師と生徒，生徒同士，そして，学級の雰囲気をさらに醸成させることにもつながります。

4 システムの定期的な振り返りとメンテナンスを行う

毎日の活動をルーティン化していると，その後の活動がスムーズに流れるというメリットはありますが，その一方で，毎日行うことによって，教師も生徒も気が抜けてしまう可能性が出てくることが考えられます。

そのため，朝の会・帰りの会のシステムは定期的に振り返ります。振り返る視点は，「活動が教師の理想とする生徒像を育てることにつなげられているか」です。私が学校生活で意識することは，その活動を続けていくことで学級の解散，もしくは卒業を迎える3月に目指す生徒像に近づいていけるかということです。ですから，定期的（長期休みなどを利用してもいいと思います）に，朝の会・帰りの会の流れや取り組み方を振り返り，できていれば継続を，修正が必要なところは修正を加えていきます。また，マンネリになってしまっているなら，システムを変更して，さらなる学級の雰囲気をつくるための活動を入れていってもよいかもしれません。

ある年の私の実践では，年度途中から，朝の会も帰りの会もはじまりから終わりまですべて生活班で行うというシステムの変更を行ったこともありました。

■学級通信

ポイント **1** 子どものプラスのエピソードを紹介する

　今週の予定や連絡事項のおしらせも大切ですが，できるかぎり学級や子どもたちの様子を掲載します。子どもたちががんばっていることなどのプラスのエピソードを紹介すると，子どもも保護者も読んでうれしい学級通信となります。学級で日々起こっている物語をプラス面を中心に書き綴っていくのです。副次的なことですが，学級通信を書くことで，学級や子どもを「みる」視点を磨くこともできます。

ポイント **2** 家庭と学校をつなぐ

　私は学級の子どもたちに向けて学級通信を書いていますが，それを家にもち帰ったときに，保護者や家族にも読んでもらえる内容を心がけています。子どもたちの活動や声がたくさん紹介されている学級通信なら，家庭でも楽しんで読んでもらえるはずです。

ポイント **3** 朝の会・ホームルームで伝えたいことを書く

　短学活・ホームルームなどの時間に学級通信を配付することが多いと思います。私は朝の会で子どもたちに伝えたい内容を書くことを心がけています。子どもの活躍や学級活動のプラスの評価，さらに学級担任の願いやメッセージを学級通信に書いて配付すると，子どもに伝わりやすくなります。

家庭と学校をつなぎ，
子どもと一緒に楽しもう！

神奈川県葉山町立葉山中学校　山口　聡

ポイント4　子どもと一緒に学級通信をつくる

　自分や友達の文章・イラストが学級通信に掲載されると，子どもは学級通信に親近感をもちます。また，読者としてだけではなくつくり手として学級通信を手にすることになります。私の場合は，紙面の半分は学級担任の文章，もう半分は個人ノートに書かれた子どもの文章を紹介しています。時には道徳や行事のワークシートに書かれた子どもの意見や感想も掲載します。

ポイント5　レイアウトのパターンを決めておく

　学級通信を書こうと思っても，何をどうやって書けばよいのか，迷う人も多いでしょう。学級通信のレイアウト（割りつけ）のパターンを決めておくとスムーズに書き進めることができます。子どもの文章をどの位置に書くのか，連絡事項やおしらせはどこに書くのか，決めておくということです。

ポイント6　今どき手書きの学級通信？

　ICT活用が当たり前になってきた今，学級通信もインターネットを通じて配信する時代がやってきます。だからこそ，私は手書きの学級通信にこだわっています。また，子どもの名前も積極的に紹介しています。子どもの名前を紙面で紹介すると，一般論で読まれがちな学級通信の内容がよりリアルになります。ただし，そのためには様々な配慮が必要となります。

1 子どものプラスのエピソードを紹介する

　子どもの活躍やがんばっていることなどのプラス面を紹介すると，子ども
も保護者も読んでうれしい学級通信となります。学級通信でほめられ，学級
通信を読んだ先生や友達，家族にもほめられ，最後には自分でもう一度読み
直して自分自身をほめて……。学級通信発行の最大のメリットです。一方で，
否定的なことはできる限り紙面に出しません。口頭で伝えればよいからです。
文章に残すことの重みを忘れずにいたいと思います。

　副次的なことですが，私は「書く」ことで学級や子どもを「みる」視点が
鍛えられました。子どもが見えていないときは学級通信を書こうと思っても
書けないのです。学級通信が学級づくりのバロメーターになっています。

2 家庭と学校をつなぐ

　中学生ともなると家で学校での出来事を話すとは限りません。家庭によっ
ては我が子の学校での情報源が学級通信だけということもあります。そこで，
学級や子どもの様子をできる限り紹介します。

　私は子どもたちを読者として学級通信を書いていますが，学級通信が家庭
と学級・学校をつなぐ架け橋になるように，とも思っています。そのために
子どもの係活動や行事での活躍，学級の様子をたくさん紹介して，保護者や
家族にも楽しんで読んでもらえるように心がけています。また，学級懇談会
で話題になったことや，授業参観や行事での保護者の感想も積極的に学級通
信で紹介します。例えば，スマートフォンの家での管理などです。学級通信
が家族のコミュニケーションの題材になったらうれしいです。

3 朝の会・ホームルームで伝えたいことを書く

　「昨日の清掃時間にうれしかったことがありました」そんなふうに話しな

がら，学級通信を配付します。配付された学級通信にこれから話す内容が書かれていると，子どもたちに伝わりやすくなります。音声だけでは伝わりにくい子どももいるからです。子どもたちの前日の活動のプラスの評価，そして学級担任の願いやメッセージも学級通信の重要な記事となります。

　道徳の振り返りで学級通信を活用することもできます。下の学級通信では，前日の道徳のワークシートに書かれた子どもの文章を紹介しながら私のメッセージを伝えました。このときは「いじめ」がテーマでした。

4 子どもと一緒に学級通信をつくる

　個人ノート（私の学級では「ひそひそノート」と呼んでいます）に書いた内容を学級通信で紹介することは4月に伝えてあり，紙面の右側半分では個人ノートに書かれた文章を紹介しています。忙しくて個人ノートに取り組めないなら，班ノートや学級日誌の文章を紹介したり，道徳や行事のワークシートに書かれた子どもの意見や感想を紹介したりすることもできます。お互いの文章を読み合うことで，子ども同士の相互理解を深めることができます。

時には子どもが描いたイラストも掲載します。また，学級通信の題字を年度はじめに子どもたちに書いてもらい，それを順番に使うのもよいでしょう。

自分や友達の文章・イラストが掲載されることで，子どもたちは学級通信に親近感をもち，読者としてだけではなくつくり手として学級通信を手にすることになります。教員だけではなく，子どもたちと一緒に学級通信をつくっていくということです。これも学級活動の1つといえるでしょう。

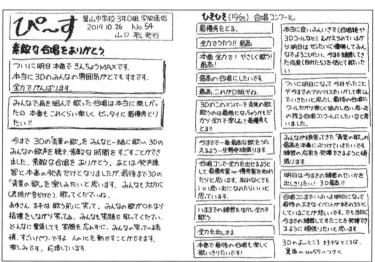

5 レイアウトのパターンを決めておく

いざ，学級通信を書こうと思っても，何をどんなふうに書いたらよいか迷う人もいるでしょう。レイアウトのパターンを決めておくとスムーズに書き進めることができます。私の学級通信のレイアウトは，左半分が学級担任の文章，右半分が子どもの文章の場合が多いですが，一般的な横書きの学級通信の場合は次のようなレイアウトにすると読みやすくなります。いずれにしても自分の学級通信のレイアウトをパターン化することをおすすめします。

学級通信のタイトル	おしらせ ・委員や係の名簿 ・三者面談の予定表 ・提出物の一覧など
記事1の見出し	
イラスト 写真 など	記事2の見出し
子どもの声 今週の予定 など	ちょっとした 連絡事項

6 今どき手書きの学級通信？

　ICT活用が当たり前になってきた今，学校からのおたよりや通信類もインターネットを通じて配信する時代はもうすぐです。だからこそ「手書きで自分らしい通信を」と私はこだわり続けています。もちろん，活字の通信も悪くはありません。実際に学年通信や教科通信はパソコンで編集しています。

　また，子どもの名前を紙面で紹介すると，一般論で読まれがちな通信の内容がより身近でリアルなものになります。もちろん，そのためには配慮が必要です。私は最初の通信で保護者向けに「生徒名を掲載しますが，まず数号読んでいただいて，不都合があれば連絡を」とアナウンスしています。子どもの活動を肯定的に紹介しているからか，苦情を受けたことは一度もありません。子どもの登場回数が気になる人は名簿で確認するとよいでしょう。

■体育祭

ポイント 1　安心とやる気の基盤をつくる

　さぁ，体育祭の始まりです。まずは，体育祭で大切にしたいことをテーマにした道徳の授業を最初に行います。その後，「どんな体育祭にしたいか」「自分にできることは何か」「どんなスローガンがよいか」「どの種目に出場したいか」といった内容を決意表明プリントにまとめさせます。

ポイント 2　実行委員会を発足させ，企画会議で方針を決定する

　体育委員と学級委員を中心に実行委員会を発足します。各自が記入した決意表明プリントを参考にしながら，学級のスローガン，体育祭の目標（順位やタイムなどを入れて具体的に），出場種目選手選考などを昼休みや放課後を使って話し合います。

ポイント 3　学級結団式を行い，取組がスタートする

　実行委員会で話し合った内容を，いよいよ学級全体に提案していきます。学級のスローガン，目標，出場種目，学級練習計画を提案していきます。実行委員でどんなことを話し合ったのか，どんな意見が出たのかなど，企画会議の様子を具体的に話し，実行委員だけががんばるのではなく，全員でがんばっていこうという気持ちが伝わるようにします。

リーダーを育て，
学級を大きく前進させよう！

福岡県古賀市立古賀中学校　**本屋敷耕三**

ポイント**4**　実行委員がリーダーシップを発揮し，学級練習を行う

　実行委員会の提案のもとに，目標タイム達成に向けて学級練習をスタートします。どんな練習を行うか，練習によってどんな課題が見つかったか，どんなところがよくなったかなど，実行委員と教師で反省会を行い，次の練習につなげていきます。問題が発生すれば，その都度，解決していきます。

ポイント**5**　ヒーローインタビューで毎日の活動を振り返る

　毎日の練習の成果や課題を，帰りの会で振り返ります。その際に，その日活躍した人をインタビュー形式で紹介し，みんなで健闘を称えます。日替わりで，できるだけ多くの人が紹介されるようにします。課題は少なく，昨日よりもよくなったところをたくさん紹介し，前向きに明るい気持ちで体育祭の練習が進むようにしていきます。

ポイント**6**　笑顔と感謝で次のステージへつなげる

　閉会式の後，学級で体育祭解団式を行います。実行委員からの話，実行委員への感謝などを行い，気持ちよく体育祭当日を終わるようにします。翌日，振り返りの時間を使って，しっかりと2週間の取組を振り返り，次のステージへとつなげていきます。

1 安心とやる気の基盤をつくる

運動が苦手な人が「体育祭は楽しい」と思えるような笑顔がいっぱいの体育祭を！という願いを込めて「思いやりや友情」をテーマにした道徳の授業を行います。その後，決意表明プリントに「どんな体育祭にしたいか」「自分にできることは何か」「どんなスローガンがよいか」「どの種目に出場したいか」といった内容をまとめさせます。クラスのみんなが安心して体育祭の取組に参加できること，「楽しそうだなぁ，がんばりたいなぁ」という意欲をかき立てることを目標とします。

6組の体育会「決意表明」プリント

6組（　）番 氏名（　　　）

1. 今年の体育会は、どんな体育会にしたいですか。
終わったあとに来年も楽しみだなぁと思えるような
楽しい体育会にしたい。みんなでがんばりたい。

2. 体育会を成功させるために、自分にできることは何ですか。
自分が出場する種目に全力で取りくむ
クラスのみんなをしっかり応援する
崩れずに参加する

3. 学級のスローガンづくりに向けて、使いたいことばがあればかいてみよう。
笑顔・協力

出場種目アンケート
クラス全体のことを考えて、どの競技に出場したいか希望（1～2）を書いてください。
自分がどの種目に出場したいかだけでなく、クラスのためにどの種目に出場した方がよいかを考えて記入してください。

	個人種目		ブロック種目
2	100m走	4	大縄跳び
	200m走	2	タイフーン
	800m走（女子）・1000m走（男子）		ムカデリレー
	400mR（女子）・1000mR（男子）		ブロック対抗リレー
	スウェーデンリレー		
1	マルチラン		

選考にあたってお願いしたいこと
足体本育にあたいのでそれが目立たない 種目にしてほしいです。

2 実行委員会を発足させ，企画会議で方針を決定する

決意表明プリントが書き上がったら，実行委員と教師で昼休みや放課後を使って企画会議を行います。ここでは，①学級のスローガン（どんな体育祭を目指すのか，終わった後どんなクラスになっていたいのか），②体育祭の目標（順位やタイムなどを入れて具体的に），③出場種目選手選考を決定していきます。特に，選手選考については，「選考にあたってお願いしたいこと」を受けて，嫌な思いをする人が出ないように配慮しながら慎重に決めていきます。学級結団式までの限られた時間の中で，クラス全体のことを考えた話し合いを繰り返し行います。

3 学級結団式を行い，取組がスタートする

　大きく書かれたスローガンを掲示し，華々しく結団式を行います。スローガンにどんな思いを込めたか，数値化された目標など企画会議での内容を学級のみんなに伝えていきます。そして，いよいよ各種目の出場選手の発表。企画会議の中で，どんな意見が出たか，どんなことに困ったかなど，話し合いの様子がわかるようにします。できる限り希望に添うように決めたかったこと，体育祭成功に向けてクラスのために希望外のところにまわってもらったことなどを話し，みんなからの承認を得ていきます。

4 実行委員がリーダーシップを発揮し，学級練習を行う

　結団式が終わり，学校全体の取組が始まったら，朝の時間や昼休みを使って，学級練習をスタートさせます。実行委員が，体育祭の目標を実現するためには学級練習が必要であることを伝え，練習計画を提案し承認を得ます。それぞれの練習で，はじめの会（①はじめの言葉，②練習内容と方法，③目標）とおわりの会（①反省，②次の練習について，③おわりの言葉）を実施し，リーダーが中心のメリハリのある練習を心がけていきます。

5 ヒーローインタビューで毎日の活動を振り返る

「放送席放送席。今日のヒーロー〇〇さんです。リレーでの走りがすごかったですねぇ」『ありがとうございます』「バトンをもらったときの気持ちを聞かせてください」『絶対抜きたいと思っていました』「速く走るコツはありますか」『気合いです』「体育祭当日も，ボルト選手のような走りを見せてください」『はい，がんばります』「今日のヒーロー〇〇さんでした。みなさん大きな拍手をお願いします」といったように，実行委員と教師で内容を打ち合わせながら，温かく盛り上がるインタビューにしてがんばりを称えていきます。

　期間中，目立たないところで学級のためにがんばっている姿や片づけや準備を手伝っている姿などできるだけ多くの生徒のがんばりを紹介し，クラスのみんなから「ありがとう」を受け取る場面をつくっていくよう工夫していきます。また，練習風景やヒーローインタビューの様子を教室に掲示する体育祭特設コーナーを設置したり，体育祭の取組を特集した学級通信を発行したりするなど教師側も率先して体育祭を盛り立て生徒を応援していきます。

6 笑顔と感謝で次のステージへつなげる

　閉会式が終わったら，教室で学級の体育祭解団式を行います。リーダーか
ら，体育祭の取組について，どんな体育祭だったか，終わってみて感じたこ
と，自分たちについてきてくれたことへの感謝などをみんなに話します。そ
の後，クラスの代表がリーダーへの感謝を話し，全員で拍手を送ります。

　翌日，しっかりと時間を使って体育祭の「振り返り」を行います。振り返
り用紙を用いて，体育祭の思い出，自分自身や学級が成長したところ，成果
をこれからどのような場面に生かしていくのか，だれに「ありがとう」を言
いたいかなどを記入します。最後に，教師から体育祭の取組期間中の写真を
見せながら，だれがどんな場面でがんばっていたか，学級としてどんなとこ
ろが素敵だったかを話していきます。生徒の振り返り用紙は，学級に掲示し
てみんなが見られるようにするとともに，学級通信でも内容を紹介し，体育
祭の余韻を楽しみます。春に行う体育祭は，新しい学級での最初の行事であ
り，生徒同士のつながりもあまり強くないことが予想できます。まずは，リ
ーダーを育て，リーダーのがんばりを学級全体に紹介しながら，それを支え
ている学級のよさも伝えて，みんなが支え合っているという雰囲気をつくり
ます。期間中の小さながんばりを，学級全体に見えるように教師が工夫する
ことで，たくさんのヒーローやヒロインが誕生し，当日の競技の結果に関係
なく，笑顔で終われる体育祭にしていきます。

1 学期の通知表文例 【1年】

愛知県一宮市立浅井中学校 山田貞二

●学級のリーダーとして活躍した生徒

> 進んで学級委員に立候補し，明るい人柄で入学当初の学級内の緊張感をほぐすとともに，友人の少ない生徒に積極的に声をかけるなど，学級のリーダーとして，率先して学級づくりに貢献することができました。

学級のリーダーについては，ほめる点がたくさんありますが，学級全体への貢献とともに，個への働きかけにも言及すると所見に厚みが出ます。

●基本的な生活習慣が確立している生徒

> 毎朝，学校の先生はもちろん，級友や地域の方にも大きな声であいさつをすることができています。そうした，前向きな生活態度は，清掃活動にも表れていて，黙々と床を磨く姿に感動すら覚えます。

あいさつや清掃を進んで行う生徒は所見が書きやすいものです。ただし，通知表の他の項目（行動の記録）と一致していることが大切です。

●遅刻が多い生徒

> 朝の時間は貴重です。新しい環境に慣れてきたので，次は朝の生活リズムを整えることを目標にして，学校生活を送るようにしましょう。

できないことを責めるのではなく，前向きな目標をもたせるようにします。

●目立たないが優しく思いやりの心をもった生徒

入学後，まだ親しくない友だちもいる中で，困っている人がいたら率先して手を差し伸べる優しい心をもっています。用具を忘れた隣席の人へ，温かい笑顔とともに，自分より先に使うよう心配りをしていました。

人柄について触れるときは，具体的な事実を添えることが大切です。

●グループ学習に積極的に取り組める生徒

ペア学習の際，自分の発言を積極的に相手に伝えるだけでなく，相手の話に相づちやうなずきを入れながら，共感的に聞くことができました。

話すことを中心に記述しますが，共感的な態度にも触れることが大切です。

●地道に学習に対して努力する生徒

授業中に，板書にない内容もノートにメモするなど，地道に努力を重ね，学期末テストでは自分の立てた目標を見事に達成しました。

普段見逃してしまいそうな情報を教科担任から聞き取ることが大切です。

●授業中に私語が多く集中できない生徒

授業中様々なことに関心を示しています。それを持続させながら集中して課題に取り組み，大きな達成感を味わえることを期待しています。

私語を非難するのではなく，どう改善するかを記すことが大切です。

1 学期の通知表文例 【2年】

愛知県一宮市立浅井中学校 山田貞二

●2年生になって大きく変わってきた生徒

　　2年生になり，言動に落ち着きが出てきました。積極的に生徒会役員選挙に立候補するなど，人の役に立ちたいという思いを行動に移すことができるようになりました。大きな成長を感じます。

　大きな変化の見られる生徒は，認めてもらうことで大きな自信になります。何が変わったのかを示し，励ましの言葉を添えることが大切です。

●2年生になり，生活がルーズになってきている生徒

　　新しい環境に慣れ，自分らしくゆったりとした学校生活を送ることができています。それら一つひとつの生活に目標をもたせることによって，ワンランク上の規律ある生活を送ることができます。

　生活のルーズさを生徒の「ゆとり」と捉え，緊張感をもたせるために「目標」の重要性を前向きに示すことが大切です。

●委員会や係の仕事に対して責任をもって取り組む生徒

　　緑化委員として毎日の散水を忘れることなく行うことができました。その責任ある行動は，校外学習の際にも大いに発揮されました。

　1つだけほめるのではなく，生活全体に波及していることを示し認めます。

●わがままで友人関係がうまくつくれない生徒

新しい学級になり，自分の考えを率直に伝え，新しい友人関係を構築しようと努力しました。相手の思いや考えを積極的に受け入れていく心のゆとりをもつと，確かな信頼関係が生まれます。

友人関係に何が欠けているかを前向きな言葉で表現することが大切です。

●授業中の発言が多く前向きな生徒

授業中の集中力に優れ，友だちの考えをよく聞き，自分の考えにつけ加えながら意欲的に発表することができます。

話す力だけでなく，聞く力も優れていることもあわせて伝えます。

●学力は低いがコツコツと取り組める生徒

与えられた課題を一つひとつ丁寧にやり遂げるすばらしい力をもっています。このひたむきな努力は必ず大きな成果と自信に結びつきます。

目の前の成績にとらわれず，その先の姿を示すことが大切です。

●不登校から学校復帰を果たした生徒

一日一日を大切にし，落ち着いて学校生活を送ることができています。今後も無理をすることなく，自分のペースを大切にしていきましょう。

過剰な要求をすることなく，マイペースを心がけさせることが大切です。

1 学期の通知表文例 【3年】

愛知県一宮市立浅井中学校 山田貞二

●進路を意識して行動が変わった生徒

　3年生になり，自分の将来に対する目標を明確にもてるようになり，自分から進んで学級の仕事やボランティア活動に取り組めるようになってきました。周囲への感謝の気持ちが行動に表れています。

　ただ単に変化を認めるのではなく，その背景にある生徒の思いまで記述することにより，メンタルの部分の成長に関連させることが大切です。

●学校のリーダーとして活躍した生徒

　生徒会役員として集会での進行役や朝のあいさつ運動などに進んで取り組むとともに，活動後の反省を必ず行い，よりよい生徒会活動をつくり上げるために惜しみない努力を行うことができました。

　生徒会活動のような自治的な活動は，活動自体だけでなく準備や事後の取組にまで目を向けるようにすることが大切です。

●自分に自信がもてない生徒

　基本的な生活習慣がしっかり確立され，友人とも良好な関係を築くなど，だれにもまねできないほど，実に見事な学校生活です。

　突出していなくても，平凡であることがいかに誇れることかを伝えます。

●勉強と部活の両立ができない生徒

> 　３年生になり，部活動の中心選手となり，精力的に練習に励むことができました。この意欲は，今後，学習の面でも大いに発揮されることと思います。１つのことをやり遂げようとする姿勢は立派です。

両立できずとも，１つに没頭できる生き方を称賛することが大切です。

●理数系の教科が得意な生徒

> 　物事を順序立てて考えることに優れています。理科や数学の難解な問題に対して，緻密な論理をもって挑むことができる思考力があります。

得意な教科をあげるのではなく，なぜ力があるかを伝えることが大切です。

●表現力が優れている生徒

> 　国語の授業において，瑞々しい感性をもって自然を観察し，情感豊かな言葉を用い，短歌として表現することができました。

各教科担任からこうした細かな情報を収集することが大切です。

●地域行事に積極的に参加する生徒

> 　学期を通じ，何度も地域行事のボランティアとして意欲的に参加することができました。だれかの役に立ちたいという思いは実に立派です。

学校外の活動にも目を向けることで，生徒の意外な活躍に気がつきます。

登校してくれて
ありがとう

東京都杉並区立杉森中学校　合田淳郎

1 トークのポイント

　2年生の中には，1年生のときの失敗を引きずったり，新しい学級の仲間との関係に慣れることができなかったりして，悩みを抱えながら1学期を過ごした生徒が一定数いるはずです。

　さらに，夏休みの宿題ができず，そのことがきっかけで不登校になる生徒もいます。そこまでではなくても，様々な不安を抱えながら一生懸命登校した生徒もいます。教師は学校に対して親和性が高い人が多いので，そんな生徒の不安感に気づけない場合があります。だからこそ，2学期のスタートには，意識して「安心感」をもたせたいところです。

2 トークの具体例

　夏休み明けで，教師も教室で話すという感覚を忘れています。ゆっくり，もちろん笑顔で話し始めます。くれぐれも「お説教」にならないようにしましょう。

　おはようございます。夏休みはどうでしたか？　自分のしたいことができましたか？　部活動や習い事では，厳しい練習を乗り越えた人もいるかもしれませんね。また，いろいろな人との出会いから，成長した人もいるかもしれませんね。

学級の実態に合わせて，生徒たちの「伸びしろ」を確認するような話から始めたいものです。

　話を聴いているどの生徒が肯定的な反応をしているのか確認してみてください。同時に，うつむいていたり，疲れた表情をしていたりする生徒はいないか，よく見てみてください。

　でもね，中には「思い通りの夏休みを過ごせなかった」とか，「ゲームばかりしていた」とか，「どうしても夜寝るのが遅くなって，今朝も朝起きるのが辛かった」という人もいるのではないでしょうか？

　その気持ち，わかるなぁ。先生も中学生時代は，そんなダメダメな夏休みを過ごしましたから。

　共感的に話し，生徒に安心感をもたせます。ここが，先に述べた「お説教にならないように」という部分です。

　だから，まずはこうしてみんなが登校してくれたことを，私はとてもうれしく思います。

　「過ぎたことは過ぎたこと」です。これからのことを考え，行動しませんか？　2年生の2学期は，楽しい行事がみんなを待っています。みんなが成長できるチャンスがたくさんあります。

　学校の実態に合わせ，行事の日程を確認するとよいでしょう。

　うまくいくかなぁと不安に感じる人もいるかもしれません。でも，大丈夫。そのためにみんながいるのです。このクラス2年○組みんなで力を合わせて，楽しく乗り越え，成長しましょう。私も他の先生方も応援していますよ。

　さあ，2年○組□人，2学期△日間の旅が始まります。

■2学期初日の教室トーク／2年

残り「半日」を，
みんなで充実させよう

東京都杉並区立杉森中学校　合田淳郎

1 トークのポイント

　2年生の2学期は，よく「中だるみの時期」と表現されます。

　確かに，1年生のときの初々しい緊張感も薄れ，3年生のような受験に対する切迫感もないので，どうしてもたるんでしまいがちです。

　時にはたるむこともあることを認めつつ，生徒たちを前に向けて，成長させたいものです。そのために必要なのが「見通し」です。

　2学期初日だからこそ，中学2年生というのは，どういう時間なのかということを，意識させます。

2 トークの具体例

　「大切なことを話すぞ」という意識を明確にして話し始めましょう。しかし，表情は固くなりすぎないように注意します。

> 　大切な2年生の夏休みが終わりました。どんな夏休みを過ごしましたか？ 普段なかなかできない体験をした人もいるでしょう。
>
> 　何？　24時間ゲームし続けた？　そういう体験の話ではないですよ。

　ユーモアは大事です。少しリラックスしたムードをつくることで，続く話が通りやすくなります。

さて，みんなは「中学生の時計」って知っていますか？

　○○中に入学したときを午前０時とします。そして，○○中を卒業すると
きには，中学生の時計は次の日の午前０時になる。そんな時計です。

　では，中学生の時計は，今，何時を指していますか？

黒板に時計を図示すると，より理解しやすくなります。

　そうですね。今は９月ですから，お昼前になりますね。ちなみに，９月が
終わると，ちょうど中学生の時計はお昼の12時を指します。

生徒たちの表情を，話しながら，しっかりと見てください。中には，不安
な表情をしている生徒がいるかもしれません。

　そう，「中学生の時計」では，君たちの一日はまだ半日以上あるのです。

　「えっ，半分しかないの!?」と思った人へ伝えます。確かに，残された時
間は半分「しか」ないのかもしれません。でも，その半分を充実した時間に
したいとは思いませんか？　そして，この半日の時間は，１人で過ごすので
はないのです。この２年○組□人，みんなで過ごすのです。

　合唱コンクールや校外学習，定期テスト，いや，毎日の授業だって，みん
なで力を合わせてつくるのです。そんな中身のぎっしり詰まった大切な時間
を，これからみんなでつくっていきましょう。

　大丈夫，みんながついています。もちろん私を含めた先生方も応援してい
ます。時間を大切に過ごすことが「よりよく生きる」ことなのですよ。楽し
んでがんばりましょう！

　では，お互いに改めて「よろしくお願いします」と声をかけ合おう。

　（生徒たちは立って「よろしくお願いします！」）

所要時間：30分

以心伝心ゲームをしよう

千葉県成田市立玉造中学校 **根本栄治**

1 ねらい

　各自が，それぞれの班内での自己の存在を体感し，班内の人間関係とチームワークを高める。

2 準備物

●バインダー（1班あたりの人数分）
●マジック（1班あたりの人数分）
●お題を書いた紙（出題数分）

3 活動例

❶活動の目的を伝える

「どれだけ，班内でお互いのことを理解しているかをチェックする」
「その人になりきって，その人の立場で答えること」

❷活動の内容を伝える

「今から，班員同士どれだけ理解し合えているかのゲームをします。まずオナーを1人決めてください。出題するお題に対して，班員はオナーの回答を予想して答えてください。オナーと同じ答えがポイントになります」

「例えば，『春の花といえば』というお題に対して，『サクラ』が３名，『チューリップ』が２名だとします。オナーの答えが『サクラ』のときは３人正解なので３点，『チューリップ』のときは２人正解なので２点，『菜の花』のときは１人も正解者がいないので０点となります」

❸留意点を伝える

「オナーが予想外の答えを出しても，決してオナーを責めないこと」

「班内で相談して答えを出してもよい（全員を同じにしたり，いろいろ分けたり工夫できる）」

❹活動に入る

班対抗勝ち抜き
じゃんけん大会をしよう

所要時間：15分

千葉県成田市立玉造中学校　**根本栄治**

1 ねらい

　勝つときは1人のヒーローのおかげ，負けるときは全員の責任であることを体感することにより，班のチームワークを育てる。

2 準備物

●班対抗用のリーグ戦表

3 活動例

❶活動の目的を伝える

　「班のチームワークと運の勝負をする」

　「ヒーローが班を勝利に導くこともあるが，負けるときは全員の責任となる」

❷活動の内容を伝える

　「今から，班対抗勝ち抜きじゃんけん大会をします。班ごとにじゃんけんする順番を決めてください。対戦は1番の人同士から始めます。勝った人はそのまま次の相手とじゃんけんします。負けるまで，何度もできます。全員が負けたチームが負けです。対戦表に沿って，班対抗勝ち抜きじゃんけんを始めてください。結果は前にきて記入していってください」

対戦表（5班編成の場合）

	1班	2班	3班	4班	5班	勝数	順位
1班							
2班							
3班							
4班							
5班							

❸留意点を伝える

「勝った人は，負けるまで何人とでもじゃんけんできる」

「対戦相手は，空いている班を見つけて行う」

「班長は，結果を表に記入する」

❹活動に入る

ペア・コミュニケーションで
お互いのことを再認識しよう

所要時間：50分

東京都府中市立府中第六中学校 **井久保大介**

1 ねらい

　1対1でのコミュニケーションを通して，コミュニケーションのスキルを学びながら，学級内での相互理解を図る。

2 準備物

- ●人数分の椅子（全員で椅子が向かい合った二重の円をつくります）
- ●ストップウォッチ

3 活動例

❶活動の目的を伝える

　「いろいろな人とコミュニケーションをとることで，クラスメイトのことをもっと知る」ことと，「コミュニケーションをとることは練習すれば上手になる。今回はその練習でもある」という2点を伝えます。

❷活動の内容を伝える

　椅子を向かい合った二重の円の形に並べた後，ペア・コミュニケーションの方法を伝えます。

「向かい合った人とじゃんけんをして，話し手と聞き手を決めます。これから2分間，聞き手が質問をして，話し手は質問に答えます。終わったら聞き手と話し手を交代して，また2分間話をしましょう」

　そして，話したいテーマを生徒から募ります。「夏休み，どうでしたか？」「2学期がんばりたいことは？」「最近ハマっているもの」など，挙がったテーマを板書して，その中から聞き手が選んで質問をするように伝えます。

❸ルール，留意点を伝える

　ルールとして「聞き手は話し手の話をしっかり聞いて質問する」「話し手は自分が答えたくない質問であれば答えなくてよい」の2点を伝えます。また，「上手にコミュニケーションをとれないのは決して悪いことではなく，これから練習することで少しずつできるようになる」ことを強調します。

❹活動と振り返り

　ストップウォッチで時間をはかり，2分間ペアで話をします。教師は生徒の話す様子を観察します。2分経ったら聞き手と話し手を交代する指示を出します。最初2分間ずつ話をした後，生徒のコミュニケーションを適宜振り返りながら，円滑にコミュニケーションを図るためのコツを伝えます。

【聞き手のコツ】

・相手の話を引き出す質問とは？（「～というと？」「どんな感じ？」「エピソードはありますか？」「他には？」「何でもいいですよ」）

・相手が安心して話せる聞き方とは？（目線，表情，相づちなど）

【話し手のコツ】

・相手に伝わる話し方とは？（目線，表情，身振りや手振りなど）

　その後，片方の椅子を隣に移動させ，ペア・コミュニケーションを繰り返します。

参考文献：甲斐﨑博史著『クラス全員がひとつになる　学級ゲーム＆アクティビティ100』ナツメ社，2013

偏愛マップで
お互いのことを再認識しよう

所要時間：50分

東京都府中市立府中第六中学校　**井久保大介**

1 ねらい

　「偏愛マップ」を作成して共有することで，自分の好きなものや興味があることを開示し合い，お互いのことを再認識する。

2 準備物

●Ａ４用紙（1人1枚）
●筆記用具（カラーペンやサインペンなど）

3 活動例

❶活動の目的を伝える

　「クラスが始まってしばらく経ちましたがクラスメイトのことをどれだけ知っていますか？」と全体に問いかけます。そして「今日は自分と相手の好きなものを共有してお互いのことをもっと知りましょう！」と伝えます。

❷活動の内容を伝える

　「『偏愛マップ』とは，1枚の紙に自分の好きなものを，好きなだけ，好きなように書いたものです。文字やイラストなど，書き方は自由です！　カラーペンを使ってもかまいません」と伝え，教師がつくった見本を提示します。さらに，「これから30分，時間をとるので紙に好きなものや興味があること

を好きなだけ書いてください。できるだけ詳しく書いてくださいね。その後，クラスメイトと共有する時間をとります」と伝え，紙を配付します。

❸留意点を伝える

「書き方にルールはありませんが，共有するときに見た人が不快になるようなことは書かないようにしましょう」ということを留意点として伝えます。さらに共有する活動の前に「だれかの好きなものを非難したり，否定したりするような発言はひかえましょう」ということも伝えます。

❹活動と振り返り

30分程度時間をとり，「偏愛マップ」を作成します。早く書き終わった生徒には，もっと詳しく書けるところがないか問いかけます。また，カラーペンなどを使い，線や枠で見やすくするように促します。ある程度の生徒が完成したら，席を離れてお互いの「偏愛マップ」を見せ合う活動に移行します。そのとき，教師も自分の「偏愛マップ」を持って，生徒と見せ合います。

活動の終わりに，教師から「クラスメイトの『偏愛マップ』を見てどうでしたか？」「お互いのことを知るために必要なことはどんなことですか？」などの問いかけをして振り返りを行います。

書き方は自由！いろいろな『偏愛マップ』の書き方

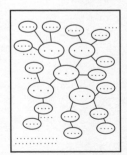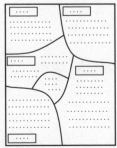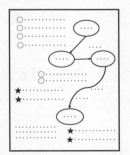

参考文献：齋藤孝著『偏愛マップ　キライな人がいなくなる　コミュニケーション・メソッド』ＮＴＴ出版，2004

■合唱コンクール

ポイント**1**　何のための合唱コンクールなの？
....

　合唱コンクールというと体育大会後のもう１つの賞レースのように捉えがちですが，そうではありません。やはり本質は学級づくりなのです。学級合唱は，学級の状態が顕著に表れます。生徒一人ひとりがのびのびと声が出せる学級をつくっていきましょう。

ポイント**2**　音楽の先生と連携して，曲を決めよう
....

　選曲で合唱の出来の４割が決まります。では，どんな曲がよいのでしょう。「生徒たちが歌いたい曲が一番いい」という先生もいますし，「この曲を歌わせたい」という先生もいます。どんな決め方がよいのでしょう。歌う曲は音楽の授業の教材でもあります。生徒の音楽性を理解している音楽の先生との連携を図りましょう。

ポイント**3**　合唱実行委員を組織しよう
....

　合唱実行委員会は合唱をつくっていくリーダー組織です。計画，企画，運営をします。リーダーシップがとれるリーダーとリーダーに協力できるフォロワーを育てていきましょう。ここが学級づくりのポイントです。

学級担任だからこそできる
合唱指導をしよう！

静岡市立長田南小学校　戸塚健太郎

ポイント4　パート練習をしよう

　ポイントは生徒たちだけで素早く練習を始め，進めることができるかです。パートリーダーのリーダーシップを鍛える場でもあります。

ポイント5　学級担任でもできる合唱指導の基本を押さえよう

　学級担任でもできる合唱指導の基本を押さえましょう。声楽の基礎はフォームです。見た目なのです。音楽が苦手でも指導できます。普段から生徒のことを見ている先生だからこそできる指導法を紹介します。

ポイント6　仕上げるまでのひと工夫をしよう

　「大きな声を」「音程のとれない子を」と合唱指導の悩みは絶えません。ここでは，全体練習の注意点と，格段にレベルアップする技を紹介します。

ポイント7　本当の金賞とは何か考えよう

　コンクールでの気持ちの整え方とコンクール後の気持ちのおさめ方です。結果に一喜一憂するわけですが，大事なことは合唱を通してまとまりのある学級になれたのかという振り返りです。

1 何のための合唱コンクールなの？

「何のために合唱するの？」

ここが合唱コンクールの根幹です。

合唱は学級の人間関係のバロメーターなのです。

いじめのある学級，人間関係がぎくしゃくしている学級は声が出ません。

「自分が大きな声を出したら，どう思われるだろうか？」「ばかにされないだろうか？」

生徒がそう思う学級は怖くて声が出せないのです。

「間違えても大丈夫！」「みんな笑わないし，助けてくれる」

そう思える信じられる仲間がいるからこそ，声が出せるのです。

4月にこのような話をして，毎日帰りの会などで学級づくりとして歌を歌います。合唱コンクールについてもこのときに下記のように説明しておきます。

「秋になると合唱コンクールがあります。これは自分の学級が，どれだけすばらしい学級なのかみんなに発表する場です。歌声はすぐには響きません。今から歌声の響く協力できる学級をつくっていきましょう」

そして，合唱コンクールの練習が始まる時期になったらコンクールの目標を考えます。「絶対金賞をとる」というような目標ではなく「リーダーと協力して練習を進めていく」「みんなが歌いやすいよう声を出し合っていく」などの目標を考えさせたいですね。

2 音楽の先生と連携して，曲を決めよう

選曲で大事なことは「無理なく歌えること」「学級のよさが発揮できるこ

と」です。

　先輩の合唱や模範の CD を聞くと同じようにカッコよく歌いたいと思います。けれど上手な合唱ほど難所を楽々と歌い上げています。ですから自分たちでも簡単に歌えるのではないかと思ってしまうことがあります。

　きちんと自分たちの音域などを考えて実際に歌うことができるか，伴奏者は弾きこなすことができるかを考えましょう。

　また，学級の魅力に合わせた曲を選ぶと戦略的です。例えば男声が出るのなら，男声が主役になる曲を選んだ方が学級の魅力が出ます。高い声が出る子がいれば，音域の高い曲を選んでもよいでしょう。

　そのため担任は，音楽の先生と事前にどの曲がふさわしいか連絡をとり，担任が推薦する曲を決めておくとよいでしょう。その推薦の理由を生徒に説明した上で，生徒に選曲させます。推薦の理由が生徒の腑に落ちていれば，生徒は推薦曲を選曲するはずです。

3 合唱実行委員会を組織しよう

　合唱コンクールは学級づくりです。実行委員会はリーダー組織になります。実行委員長，指揮者，伴奏者，パートリーダーが実行委員会のメンバーとなります。必要に応じて学級委員も入ります。リーダー性と音楽性がともにある生徒ばかりではありませんから，指示を出す担当とアドバイスを言う担当の２人組でパートリーダーを組ませてもよいでしょう。組織づくりも音楽の先生と相談しながら行えるとスムーズです。

　リーダーの実行委員に対して，それ以外の生徒はフォロワーとなります。フォロワーはいかにリーダーに協力できるかが合唱練習そして学級づくりのポイントとなります。

4 パート練習をしよう

　最初に大事なことは，素早く練習を始め
ることです。パートごとに分かれてオルガ
ンや CD に合わせて歌いますが，移動，
準備，整列，歌うまでの時間を短くします。
パートリーダーの指示で協力して並ぶ。こ
れだけのことですが，ここが勝負です。歌
い出しまでの時間をはかったり，パート練
習の「準備の練習」を数回したりしてもよ
いでしょう。

　はじめのパート練習は音源をまず聞き，
覚えます。短いフレーズごとに区切って覚
えます。2回ほど聞いたら，口ずさむ程度で歌ってみます。次に自信がある
生徒から大きな声で歌い，全員が自信をもって歌えるようになったら，次の
フレーズを覚えます。

　毎日の練習の後，実行委員は3分間のミーティングを行います。「指示が
出せているか」「集中した練習ができたか」「困っているので担任に入っても
らえないか」などの話し合いをし，よりよい練習を計画していきます。

　フォロワーにも定期的に「協力できているか」「問題点はないか」など振
り返りをします。実行委員会とフォロワーが対立してしまうのではなく，お
互いよい合唱をつくるという目的のもとに協力し合えるとよいですね。

5 学級担任でもできる合唱指導の基本を押さえよう

　合唱でも「見た目が大事」です。どんなスポーツでもフォームが大事なよ
うに合唱も姿勢が大事です。そしてこれは音楽の専門家でない学級担任でも
指導できることです。

背筋を伸ばす。胸を張る。目線を高く。私は「ゴリラの胸，キリンの首，鷹の目」と指導しています。

　そして，私の場合は足を閉じます。右足はまっすぐ，左足の土踏まずのあたりが右足のかかとにつくようにして立ちます。こうすると身体の芯が安定します。これはモデルやミッキーマウスが立つときの姿勢です。写真の子を見ていただけるとわかりますが，すごく立ち姿勢が美しいでしょう。一般的には足は自然体で肩幅に開いて立つといわれていますが，肩幅に開いて立つことは自然な立ち方である反面，立つことに無意識になってしまいがちです。無意識だと重心もあまり意識せず，偏ってしまうこともあります。足を閉じて普段と違う立ち方をすることで，よい姿勢をしているという意識づけにもなるのです。

　また，よく口を大きく開ける指導があります。これは生徒が「自分は歌っている」という自覚をもてるため声量が上がり効果があります。ただ開けすぎることで響きを失ったり，関節を痛めたりする恐れがあるため，指が縦に2本入る程度で十分ですし，口を開けるというより，唇を前に出すように歌うと声が響きやすくなります。

　それでは，姿勢や表情の指導の仕方を紹介します。例えば姿勢の指導の場合。1曲歌っている間に，教師やパートリーダーが巡回し，姿勢のよい子の肩をポンとたたいていき，歌い終わった後に「今肩をたたかれた人は姿勢のよい人です」とほめます。そしてもう1回巡回すればみんな姿勢を意識して歌うようになります。同様にして，口や表情もチェックしましょう。目は大きく，眉や頬を上げて，顎はひきます。ちなみに楽譜を持つ位置は首の高さで平らに（寝かせて）持ちます。表彰状をもらうような姿勢です。こうすると指揮者と楽譜が両方見えるようになります。

6 仕上げるまでのひと工夫をしよう

　パートの音をとり終えたら，２つのパートで合わせます。ソプラノとアルト，ソプラノと男声を合わせてみます。最初は音源と一緒に，慣れたらアカペラで歌ってみます。そして全体で合わせます。ハーモニーを確認し合い，強弱やテンポなどの曲想をつけて仕上げていきます。

　練習は一番盛り上がるところから始めると気分よく始めることができます。いつも最初から歌う必要はないのです。そして一番盛り上がるところは大きな音のことが多いです。まずしっかりと声を鳴らしてから，他の部分の練習に入るとよいです。

　練習していく中で音程のとれない子が気になることがあります。この場合自分の声を聞けていないことが多いです。片耳を手のひらでふさぐと自分の声が聞きやすくなります。その上で，声量を半分ぐらいに抑えて音程の正確な生徒の隣で音程を確認しながら歌わせます。音程が外れていても決して音痴という言葉は使わないようにします。

　大きな声が出ないという悩みもありますね。歌う前にきちんと息を吸っているでしょうか。口と鼻両方から息を吸います。息を吸うときはおなかをふくらませます。胸はすでに張っている状態ですので，おなかを動かします。歌うときにはおへそをへこませ，１つのフレーズが終わるときに息を吐き終えている状態にしたいです。

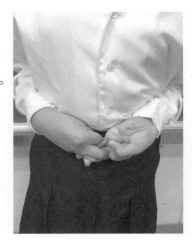

　張りのある声にするにはおなかの支えの練習をします。両手の人差し指，中指を向かい合わせて組みます。その手をおへその前にもっていき，左右に引っ張りながらおなかを押して歌います。おなかは反対に押されないように押し返します。おなかの支えができて声に張りが出ます。

7 本当の金賞とは何か考えよう

　私はコンクールの前日はきまって，生徒一人ひとりにおはじきを配っています。「おまじないをしたおはじきだから，それを握って歌いなさい。緊張はおはじきが吸い取ってパワーにして返してくれるから」と言って渡します。そしてみんなでおはじきを持った手を胸に当てて，目をつむり，歌い終えたときのすがすがしさをイメージします。これはメンタルトレーニングの手法です。ほかにも円陣を組む学級や教師が一人ひとりに手紙を書く学級もあります。全員の気持ちを揃える活動ができるとよいですね。

　合唱コンクールの振り返りは，事前に設定した目標が達成できたかどうかです。決して「金賞だったからよかった」「審査に納得がいかない」ではないのです。「友達と協力できた」「曲の魅力をお客さんに伝えることができた」などの振り返りができるとよいと思います。そのため，コンクールの練習の途中にも目標の確認は必要です。

　さて，合唱コンクールの後は私はきまって，こんな話を毎年しています。

　「ある学級は金賞をとってその後は歌わなくなってしまいました。そしてある学級は金賞をとれなかったけれど『みんなで歌うのが楽しいから』と3月まで歌い続けました。『本当の金賞』をとったのはどちらの学級でしょう」

　人を団結させる歌の力をここで消すのではなく，3送会や卒業式までつなげ，生徒たちがのびのびと歌える風通しのよい学級をつくっていきたいですね。

　ここでは紹介しきれなかった合唱指導について，拙著『中学校学級担任のための　合唱コンクール指導ハンドブック』（明治図書）に詳しく書いてありますので手に取っていただければと思います。

■職場体験学習

ポイント 1　体験内容を受け入れ事業者とともにつくる

　体験内容は教師と受け入れてくださった事業者様とで一緒につくっていきましょう。体験を受け入れてくださる事業者の方々とどんな体験をするか，クラスの生徒の様子も伝え，ともに話し合う機会が必要です。

ポイント 2　事前指導・安全指導を徹底する

　職場体験を安全に行うためには事前指導が必須です。学校でリスクについて考え準備し，生徒にも職場の物を壊してしまったときや失敗したときの謝罪の仕方やマナーをロールプレイなどで学習させておきましょう。

ポイント 3　職場体験を事後学習につなげる

　職場体験当日は事後学習につながる体験をさせるひと工夫が必要です。生徒に人生の新たなる発見につながる問いをもたせて臨ませましょう。

ポイント 4　職場体験の課題を検討する

　職場体験後も課題となったことは，継続して検討していくことが必要です。不登校の生徒への対応，他校との職場体験の時期の工夫，受け入れ事業者の偏りをなくすなど努力を続けていきましょう。

生徒の心に残る体験を目指そう！

神奈川県横浜市立洋光台第一中学校　**日野奈津子**

1　体験内容を受け入れ事業者とともにつくる

　受け入れ事業者を探すことは大変です。職場体験を断られる理由は，「忙しい」「中学生に任せられる仕事がない」「けがをさせては大変だ」など様々です。しかし，粘り強く事業者の方々にその理由を聞いてみると，「職場体験で何をすればよいかわからない」と本音をおっしゃることがあります。事業者の方々にとっては忙しい中，受け入れプログラムを考えなくてはならず，億劫になってしまうのも無理はありません。また学校側からお仕事のプロに，あれこれお願いするのは言いづらいものです。このような溝を埋めるためにも教師はコーディネーターの役割を担い，受け入れてくださる事業者の方々と，どんな体験をするかクラスの生徒の様子も伝え，ともに話し合う機会が必要です。話を進めるうちに，事業者の方々からも「職人の心意気や仕事の厳しさを伝えたい」など意見が出てきます。事業者を探すときに必要なのは，私たちがなぜこの取組を行い，子どもたちにどんな力をつけさせたいかを伝え，ビジョンを共有することです。

2　事前指導・安全指導を徹底する

　2018年，宮城県利府町の工場で中学2年生の男子生徒が金属を切断しようとして過って油圧カッターで自分の左手中指を切断する事故がありました。注意をしていてもこういった取り返しのつかないことも起きてしまいます。我々が電話1本で職場体験をお願いし，数だけ揃えるといった気構えでは不

十分です。実際に「事故やけががあれば小さな事業所はつぶれてしまう可能性もある」と断られたときは，こちらの覚悟が甘かったことを痛感しました。保護者に対しても，体験内容の明確化，リスクの説明をし，緊張感をもってもらいます。調べて知ったのですが，学校で入っている保険では，車の保険のような示談交渉を代わりにしてくれることがないそうです。つまり自分たちでなんとかしないといけないのです。学校がリスクについて考え準備しておくことも必要です。生徒にも職場の物を壊してしまったときや失敗したときの謝罪の仕方やマナーをロールプレイなどで学習させておきましょう。

3 職場体験を事後学習につなげる

　職場体験当日，担当者が「なんとか無事に終わりたい」という気持ちでは事後学習につながりません。生徒に人生の新たなる発見につながる問いをもたせて臨ませましょう。

　例えば，次のイラストはアニメ制作会社でアフレコ体験をした美術部の生徒が描いたものです。非常に大きな体験となったようです。

　ほかにも，老人福祉施設では，「おじいちゃん，おばあちゃん」などの呼び方はしてはいけないと教わります。このようなときがチャンスです。「なぜ」という点を課題として，体験中に学びとらせるのです。

　お店であれば，お店が儲かるためにどんな工夫がみられるかを意識させます。もしもこの仕事が世の中になかったらどんな不都合があるのだろう。自分が社長だったらどうしたいのか。事後学習の感想が「大変だった」にならないよう，生徒たちの視野が広がる取組にしたいのです。以前，公認会計士の方々を講師に招き，お祭りの出店で牛丼を売るためにはどれだけ仕入れをして何杯売ったら儲かるか，という課題に取り組みました。生徒の多くはたくさん仕入れて，たくさん売ればよいと考えましたが，天気や曜日，アルバイトの賃金などを考えないと儲けが出ないことを知りました。このように具体的かつ幅広い知識を知ることが体験学習を深めます。

作：洋光台第一中学校　美術部　R．Kさん

4 職場体験の課題を検討する

　不登校の生徒についても，将来の社会的自立に向けた支援の視点から「進路の問題」として捉えることが大切です。担任は本人の抱えている困難さから及び腰になってしまいがちです。生徒の状態に応じて家庭訪問をして無理のない範囲であいさつ等の指導を行うとよいと思います。他校と職場体験の時期が重なることも課題の１つです。事業者の方に，学校同士で話し合ったりしないの？と言われてギクッとしたこともあります。体験場所を奪い合うのではなく，近隣学校担当者が集まって職場体験の課題を話し合い，時期をご迷惑にならないようにずらすなども必要です。また，教師は受け入れ事業者を集めることに必死で，スーパーやコンビニ，幼稚園などに体験先が偏ってしまうことがあります。クラスの生徒の希望や意見を反映し感動できる体験先を探していきましょう。ＰＴＡや歴代会長，青年会などボランティア精神にあふれる方々を味方にすると見つかりやすいです。生徒が自分の将来に夢や希望を抱き，自分の職業生活をたくましく切り拓いていこうとする力を社会と協力しながら培っていきましょう。

■保護者面談・進路相談

ポイント1　やる気が出る，やる気が増す面談にする

　オンラインでやりとりができる時代。面談でしかできないことは何でしょう。それは，「やる気が出る，やる気が増すようにする」ことです。学期末に伝達すべき情報は，資料を渡せばすみます。しかし，それだけではやる気が出るようにはなりません。面談が終わった後，よしやろう！と思えるようにする。わざわざ面接をする意味はここにあります。

ポイント2　当日までの段取りを考えて資料を準備する

　面談で必ず伝えなければならないことは，当然資料にして準備しておきます。学習状況の資料，生活面の資料，今後の見通しをつけるために必要な資料を準備します。面接のポイントである「やる気が出る，やる気が増す」ための資料も用意しましょう。そのためには，学期当初からの段取りが必要です。学期を通して計画的にこうした資料を蓄積しておくことが必要です。

ポイント3　まずは，ひたすら話を聞く

　面談の大きな意義は，双方向性です。保護者や生徒にとって，教師からの伝達事項をただ聞いて帰るだけの面談では，満足感は得られません。一人ひとりの保護者や生徒から話を聞くことが重要な役割です。まずは，ひたすら保護者，生徒の話を引き出し，じっくり共感的に聞きましょう。

やる気が出る，
やる気が増す面談を準備しよう！

新潟市立新津第一中学校　松原大介

1　やる気が出る，やる気が増す面談にする

　保護者面談・進路相談の目的は何でしょうか。それは，生徒をやる気にすることです。年度途中で行う保護者面談・進路相談は，年度末にする総括的評価でも，年度の指導の見通しをつけるための診断的評価でもありません。これまでの取組を，さらに向上させようという形成的評価なのです。

　では，どうしたら「やる気が出る，やる気が増す」ようになるのでしょうか。それは，生徒一人ひとりのよさを認め，ほめることです。

　4月，学級をもったら1冊のノートを用意しましょう。そこに受けもつ生徒の名前を書きましょう。そして，そこに，どんな小さなことでも，よいところ，すばらしいところをどんどん書いていきます。

生徒氏名

- ・毎朝さわやかなあいさつ
- ・本を貸りた数が学級一
- ・朝学活の司会が上手
- ・毎時間チャイム学習
- ・掃除は手を抜かない
- ・部活動でリーダー的

- ・給食準備でフォロー
- ・整美委員長として信頼
- ・足が速く体育祭で活躍
- ・一度も欠席なく登校
- ・ノートが美しく模範的
- ・毎日，家庭学習をする

- ・授業で私語をしない
- ・忘れ物が少ない
- ・掲示係の仕事が確実
- ・テスト計画が見事
- ・思いやりのある言動
- ・総合学習で独創的

　どんな生徒にもすばらしい点があります。しかし，中には，書けない生徒もいるでしょう。それはその生徒を生かせていないのです。そういう場合は，

仕事を教えてできるようにしてほめるようにします。このノートを書いていくことで，長所を探そうという視点で生徒を見る習慣ができてきます。

2 当日までの段取りを考えて資料を準備する

　面談当日に渡す資料は，おおむね次のようになるでしょう。

〈学習状況〉

①定期テスト推移表（前年度から今学期末まで）

②学期の評価・評定（通知表を渡す学校もあり）

③標準学力検査，都道府県独自学力テスト等の結果

④学力診断テストの結果（進路相談のみ），判定表（教師ＰＣ用）

⑤定期テスト計画・評価表

⑥その他

〈生活面〉

①生徒が書いた学期の自己評価表（キャリアノート等）

②生徒が書いた長期休業の計画表（キャリアノート等）

③体育祭や合唱祭の写真や振り返り

④コンクール等の振り返り

⑤長期休業中のきまりや各種たより

⑥その他

　ポイントは，これらの資料を年度当初から計画的に蓄積していくことです。その上で，その生徒をほめることのできる資料を１つ用意しましょう。写真があれば写真を用意します。その生徒の活躍を伝える学級だよりがあれば，用意しておきます。道徳科で書いたノートや，学級活動で使ったワークシートで，これはと思うものがあればとっておきます。大会の成績や書道や美術，作文などのコンクールの入賞記録は，もちろん保存しておきます。生徒が相互評価をするような授業をして，多くの生徒が高く評価していることがわかるような資料があれば，とっておきます。

いずれにしても，資料は当日までの段取りを考えて準備するということです。年度当初から，これは保護者面談で伝えようという視点で資料を収集するのです。面談の時間は10〜15分程度と限られています。その面談で一人ひとりの生徒をほめるには，こうした資料がものをいいます。

3 まずは，ひたすら話を聞く

　まずは，保護者が話しやすい環境づくりをしましょう。机の配置は，教師の正面に保護者がこないようにします。新型コロナウイルス感染対応の観点からも，右のように配置するとよいでしょう。

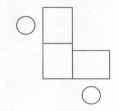

　面談が始まったら，「何か気になることなどありませんか」と，まずは保護者の話を聞きます。保護者一人ひとりの話を聞くという機会は，保護者面談・進路相談しかないのです。保護者もそのつもりで来ています。保護者面談での失敗は，「先生が話を聞いてくれなかった」というケースが多いのです。この保護者の話を聞くことに，最大限の時間を割きましょう。こうしておくと，限られた面談時間を保護者が最も関心のある話題に重点化することができます。それに関連する資料から示し，それに力点を置いて話すことができます。

　次に，用意してきた資料をもとに生徒をほめ，最後にその他の資料を伝達します。保護者の話が長くなれば，この教師の話を短くします。逆に「特に気になることはありません」と言われれば，教師は用意してきた話を時間までします。このようにすれば，時間通りに終わることができます。

　しかし，すべて時間通りにとはいかないものです。どうしても保護者を待たせることになってしまいます。そこで，必要なのが待ち時間に読める資料です。学級だよりや行事等の写真集，書写や俳句などの作品集，総合的な学習の時間で作成したレポート集などを待合場所に用意しておきましょう。これも保護者に快く面談に参加していただくための配慮です。

2 学期の通知表文例 【1年】

愛知県一宮市立浅井中学校 山田貞二

●当番活動で仲間と協力して取り組んだ生徒

> 給食や清掃当番等の当番活動に対し，責任をもって取り組むことができ，自分の仕事が終わると，すぐに仲間の仕事の手伝いを行うなど，協力的な姿勢が光る2学期でした。

係活動については，具体的な活動を明記したうえで，その様子を保護者にも伝わるように明確に示すことが大切です。

●部活動に熱心に取り組んだ生徒

> 中学校ではじめての部活動であるにもかかわらず，常にチャレンジ精神をもって練習に臨みました。だれよりも早くコートに行き，コート整備や道具の準備をする姿から，テニスに対する熱い思いを感じました。

部活動の所見では，技術面の記述だけでなく，取組の姿勢に対する丁寧な記述をすることで，人間的な成長を保護者に伝えます。

●友人が少なく，学級になじめない生徒

> 行事に参加する中で，新しい友人との交流が生まれました。出会いは自分の世界を広げるチャンスなので大切にしてほしいと願っています。

所見では問題点ではなく，励ましの言葉を伝えます。

●体育祭で活躍した生徒

体育祭のソーラン節の踊りは，大きなかけ声やキレのある振りつけが見事で，見る者に大きな感動を与えました。この感動の裏には，目標に突き進む地道な努力がありました。今後も大切にしたい姿勢です。

行事の所見では，成果の裏にある努力を記述することが大切です。

●合唱コンクールで指揮者としてリーダー性を発揮した生徒

自分自身の指揮の練習に加えて，学級の練習をまとめていくという指揮者の大役を果たし，自分の可能性を大きく広げることができました。

リーダーの大役を労う言葉とともに成長を認めています。

●校外学習で成果を上げた生徒

国際理解というテーマを意識して校外学習に臨み，そこで学んだ知識を総合的な学習の時間でのプレゼンに生かすことができました。

校外での学習は楽しんだことだけで終わらないようにすることが大切です。

●努力しているものの成績に向上が見られない生徒

目の前の成果を意識せず，土台づくりに時間をかけることが大切です。いったん土台が完成すると，何にも動じない自信が身につきます。

基礎基本を確かなものにすることが成功への道であることを示します。

2 学期の通知表文例 【2年】

愛知県一宮市立浅井中学校 山田貞二

●フォロワーとしてリーダーを支えた生徒

学級委員が困っているときに，建設的な意見をつけ加えたり，仕事をさりげなく手伝ったりするなど，リーダーを支えるフォロワーとしての働きが見事な学期でした。学級を支える貴重な存在です。

学級内の働きはどうしてもリーダーに目が行きがちですが，それを支える生徒にも目を向けていくことが大切です。

●部活動への参加が減ってきている生徒

部活動の練習に慣れ，かなりの技術を身につけてきましたが，はっきりした目標をもつと，練習に取り組む姿勢が変わってきます。小さな目標を1つずつクリアすることで，大きな夢に向かっていきましょう。

部活動に意欲をなくす生徒は多々います。努力を望むよりも，達成可能な目標をもたせることが，活動を継続させるポイントになります。

●ボランティア活動に積極的に取り組んでいる生徒

町民運動会などの地域の行事に進んで参加し，景品配りや招集係の仕事などを行うだけでなく，年配の方にも優しい声かけをしていました。

学校以外の場所で活躍する生徒もいることを考えておくことが大切です。

●応援団として体育祭を盛り上げた生徒

　体育祭の応援団の一員として，練習の段階から学級の士気を高めるよう大きな声を出したり，パフォーマンスを披露したりしました。はずかしがり屋の自分を変えたいという強い決意を感じました。

当日の演技に至るまでの取組や思いを評価しています。

●グループ学習に積極的に取り組める生徒

　理科の実験や社会の調べ学習において自らファシリテーターを務めるなど，グループでの話し合い活動に積極的に取り組むことができました。

グループ内の役割にまで言及し，実感をもたせることが大切です。

●家庭学習に取り組むことが苦手な生徒

　真面目な学習態度です。学んだことをより確かなものにするために，家庭学習を充実させると定期テストでの成果が楽しみなものになります。

学校と家庭での学習は関連性があることを記述することが大切です。

●野外活動やキャンプで活躍した生徒

　キャンプの飯盒炊さんでは自分の道具だけでなく友人のものまで黙々と片づけるなど，利他の心が育っています。

行事での清掃や片づけは，生徒の人間性や人柄がよく表れる活動です。

2 学期の通知表文例 【3年】

愛知県一宮市立浅井中学校 山田貞二

●将来を真剣に考えている生徒

　自分の将来についての確固とした目標をもつとともに，自分の特性についても深く考え，どのような進路選択をしたらよいかを積極的に相談する姿が見られました。自分の将来の姿を描くことは大切です。

　進学校を決めるのが進路指導ではなく，自分自身を知り，将来像を描かせるキャリア教育の視点をもって記述することが大切です。

●礼儀正しい行動ができる生徒

　言葉づかいが丁寧で，目上の人や来校者に対して気持ちのよいあいさつをすることができるだけでなく，乱れているロッカーの整頓を進んで行うなど，相手を思う気持ちに裏づけされた礼儀正しい行動ができます。

　礼儀正しい行動は，具体的な行動のみを記述するのではなく，その行動が思いやりや親切心からきていることを伝えることが大切です。

●ルールが守れない生徒

　自分の考えを大切にし，それを主張しようとする思いは大切なことです。まわりの人への気配りや学級の調和について考えることも大切です。

　わがままな行動は自分しか見えていないことをポジティブに表現します。

●問題解決の力に優れている生徒

　社会や理科の学習において，自分の疑問を大切にし，その解決に向けて友人との議論を何度も繰り返すなど，問題解決の能力を着実に身につけることができました。

主体的・対話的で深い学びを意識した記述です。

●学校行事でリーダー性を発揮した生徒

　体育祭において，集団をまとめることに悩みながらも，応援団長という大役を務めあげ，自分の可能性を大きく広げることができました。

リーダーのもつ苦労や悩みにまで言及し，現実感のある所見とします。

●定期テストでの成績が伸び悩んでいる生徒

　学習に対する地道な努力が光る学期でした。さらに効果を上げるために学習のポイントを絞った学習方法を確立することを期待しています。

勉強の仕方に言及し，学び方を変えることを意識させることが大切です。

●学級の雰囲気を明るくしている生徒

　分け隔てなくだれとでも明るく会話したり，失敗した友人にさりげなく声かけをしたりするなど学級の雰囲気を前向きにする貴重な存在です。

日常生活の中の生徒の本質が見える言動を見逃さない意識が大切です。

■卒業式

ポイント **1** 進路未決定生徒への気配りをする

　卒業式1か月前は，クラスの中に進路が決定した生徒と未だ受験が終わっていない生徒が混在している状態です。公立高等学校の入試は遅いので，受験に向けての雰囲気をつくりつつ，進路が決定した生徒たちと3月の臨時時間割での様々な卒業行事（校外学習や球技大会等）の準備をしていきます。

ポイント **2** 最後の授業に向けて指導する

　最近は，卒業式3週間前に各教科の最終授業及び学年末考査の答案返却をすることが多いようです。この時期は，授業に臨む気持ちが弛緩してしまっている生徒たちも見られます。そうした生徒たちにも，最後の授業をきちんと受け，各教科担当の先生方に感謝の気持ちを示すように指導することが学級担任として求められます。

ポイント **3** ケジメをつけて行事に参加させる

　卒業式2週間前になると，卒業式練習や卒業行事が本格的にスタート。生徒たちの気持ちがフワフワし，クラスの雰囲気も高揚しがちですが，一つひとつの行事にケジメをつけて参加するように，生徒たちにしっかりと自覚させる必要があります。楽しむべきときは楽しみ，真剣に取り組むべきときは真剣に取り組む。当たり前のことをきちんとできるクラスにしましょう。

残り1か月の計画の可視化が，卒業式への「心の余裕」に

東京都足立区立第一中学校　**穐田　剛**

ポイント4　最後に向けて万全の準備をする

　様々な卒業行事も無事終わり，いよいよ卒業式の週を迎えます。1か月前から日めくりカレンダーをつくることが多いですが，ここまでくると生徒たちの心にも様々なものが去来します。1日1日がかけがえのないものとなり，卒業式の予行演習で泣きだす生徒も。しかし，担任は感傷にひたっている暇はありません。最後の学活に向けて，万全の準備を心がけましょう。

ポイント5　別れるのはクラスの生徒だけではない

　卒業式前日は，高等学校への書類を配付したり，式当日の最終確認をしたりとなにかと忙しいものです。そして，この日に最後の学年集会が行われます。学年の教員全員が学年の生徒全員に最後のメッセージを贈る大切な時間です。学年集会には，明日の卒業式でクラスの生徒に贈るメッセージと重複しないように入念な準備が必要です。

ポイント6　伝えたいことはすべて伝える

　ついに卒業式当日。泣いても笑っても今日が最後です。後で言い残すことがないように，入念なリハーサルが必要です。特に初めて3年生の担任をもった際には，感慨もひとしおでしょう。生徒たちとの最高の別れのために一番大切なことは，「伝えたいことはすべて伝えること」です。

1 進路未決定生徒への気配りをする

　卒業式まで残り１か月。このときにまず学級担任がすべきことは，月間予定表を隅から隅まで確認することです。私自身は毎日の予定が書き込める備忘録に，すべての学校行事や自分の校務などを記入していました。高校入試の対応で，余裕がない時期だからこそ，ミスのないスケジュール把握がなによりも重要なのです。そして，卒業までの様々な行事の準備に必要な日数や時間を逆算して計画を立てます。この作業で担任自身に「心の余裕」が生まれ，自転車操業にならずに卒業式までの日々を迎えることができます。

　次に行うことは，進路が決定した生徒たちを放課後に残し，様々な卒業行事への準備を進めていくことです。このときに大切なことは，「まだ進路が決定していない生徒もいるのだから，公立高等学校の入試が終わるまで，自分たちも勉学に励むこと」を生徒たちにきちんと理解させることです。意外にこうしたことを忘れる担任もいますが，その結果，クラスが分断され，最後まで雰囲気がよくないまま卒業式を迎えることになるので，十分気をつけましょう。卒業行事の準備の際に注意することは，担当生徒たちに，「クラス全員が楽しめることが最大の目的であること」を自覚させることです。例えば，球技大会のチーム決めや校外学習の行動班などは自分たちの好き嫌いで決めない，お別れ会の内容を一部の生徒の内輪受けで終わるプログラムにしないなどの配慮が求められます。

2 最後の授業に向けて指導する

　この時期は各教科の最後の授業が行われます。先生によっては３年間，授業を受けもってくださった方もいます。当たり前のことですが，「最後の授業まで真剣に受けること」を朝や帰りの学活で生徒たちにしっかりと伝えることです。他学年の先生や講師の先生によっては，最後の授業の後，接する機会がないまま卒業を迎える可能性があることも理解させなければなりませ

ん。気がきく学級委員なら，最後の号令で，「１年間，ありがとうございました」と言うこともできますが，やはり担任がそのことを伝えておくとよいでしょう。

　また，先生方に寄せ書きの色紙をプレゼントしたいと提案する生徒もいますが，クラスによってやったりやらなかったりすると，学年全体の不協和音につながるので，そうした提案があった場合は必ず学年主任に相談する必要があります。

3 ケジメをつけて行事に参加させる

　この時期から，いよいよ卒業式練習が始まります。どの学校でも10時間近くを卒業式練習に費やすことになります。当然，生徒たちから「なぜこんなに練習しなければならないのか」という疑問が出てくるでしょう。同じことを何度も繰り返したり，式歌を何度も歌ったりと，生徒たちが飽きたり，面倒くさがったりするのも当然です。学年全体で，学年主任から「卒業式の意義や練習の必要性」が生徒に話されるものの，全員がそのことを100％理解できるわけではありません。学級担任がさらに，クラスで生徒たちに卒業式練習に真剣に臨む気持ちをつくっていく必要があります。

　これまでつくってきたクラスによって，生徒たちへの話し方は異なると思いますが，私が生徒たちにいつも話していることは次の２点です。**①卒業式は学校行事の中で一番大切なもの，②中学校卒業後の人生で式練習をやることはない（ただし代表者は除く）**。①については，みんなの３年間の成長を見せる集大成の場であること，②については，義務教育が終わるということは，こうした儀式に練習なしで参加しなければならないことを自分の経験を踏まえて，熱く熱く語ります。すると不思議なことに，生徒たちの中に「絶対に成功させる」という強い意識が生まれるのです。

　そして卒業式練習に真剣に取り組むと，その相乗効果で，卒業行事にもメリハリをつけて取り組んでくれます。「気持ちよく卒業するためにすべての

行事を成功させよう」という合い言葉を毎日，朝の学活で話すとなおよいでしょう。ただ，その成功の定義を「失敗なく終えること」にしてしまうと，生徒たちが萎縮してしまいます。行事の中で，人間関係のトラブルやルール違反等もあることでしょう。そうした場合，その都度生徒たちに改善させ，卒業式当日まで成長することに尽力させます。**「失敗も含めて，成長していくこと＝行事を成功させること」**と生徒たちに理解させることです。

4 最後に向けて万全の準備をする

　卒業式の週を迎えました。卒業式練習も順調に進み，卒業行事も無事に終了して，残りあとわずかまできました。このころには，最後の学年集会や式当日の学活で生徒たちに話すメッセージの原稿が完成している必要があります。ぶっつけ本番で生徒に話す教員もいますが大抵はうまくいきません。話が短くてあっという間に終わったり，次から次へと話したいことが止まらずに「最後に」を何回も繰り返したりと，生徒たちからしても興ざめになります。ですから原稿が必要なのです。箇条書きで要点を書き出す，きちんと文章を書いて覚えるなど，方法はいろいろとありますが，自分に合ったやり方を選ぶのがよいでしょう。私がメッセージに必ず入れることにしているのは**「卒業後の人生で必ず幸せになってほしい」**という願いです。コアになるメッセージは教員一人ひとりの価値観によって異なりますが，そのコアメッセージをまず考えてそこから肉づけしていくとスムーズにいきます。隙間時間に練習を繰り返すことで，自信をもって本番に臨むことができるはずです。

　またこの時期は，生徒たちの体調にいつも以上に気をつけましょう。卒業前だからと仲間と放課後に遊んだり，お別れの手紙を夜遅くまで書いて夜ふかしをしたりと生活が乱れがちになり，さらに気分が高揚して自分の体調変化に気づかないことも多いのです。朝の学活で，生徒一人ひとりの様子を確認することはもちろんですが，卒業式当日の呼名の練習と称して，毎日返事をさせると，その声や表情から生徒の体調が明確にわかります。そして，体

調のよくない生徒は無理をさせずにしっかりと休ませましょう。生徒は無理をしたがりますが，大切なのは卒業式当日に元気で出席することだと理解させなければなりません。

5 別れるのはクラスの生徒だけではない

　明日が卒業式となりました。この日は高等学校に提出する書類を渡したり，アルバムに記入したりすることが多いので，なにかと忙しい1日になります。特に書類関係は，絶対にミスが許されませんので，何度も確認した上で渡すようにしましょう。

　そして，前日には最後の学年集会が開かれることが多いようです。副担任はこの場で生徒たちへの最後のメッセージを贈ることになります。もちろん，担任も学年全員に話ができるのはここが最後です。学年として後輩のお手本になったことや様々な行事を通して成長してきたことを念頭に話をすることで，明日のクラスでの最後のメッセージとの重複を避けることができます。

　なお，睡眠不足では，卒業式当日に準備したことが台無しになってしまいますし，呼名を間違える可能性があります。この日は早めに寝ましょう。

6 伝えたいことはすべて伝える

　さあ泣いても笑っても最後の1日。1日中笑顔で過ごせるように，朝学活で生徒たちに「最高の1日にしよう」と熱く語ってください。卒業式後に教室に戻ってきたら，卒業式を無事に終えたことをほめてあげましょう。教室での最後の学活は，悔いのないように伝えたいことはすべて伝えてください。少しくらい時間をオーバーしても他の先生も大目に見てくれるはず。涙が止まらなくても話し続けましょう。泣けるというのはそれだけ，生徒たちのために思いを込めて，日々がんばってきた証。ただ，校門での最後の見送りは，笑顔で。すばらしい卒業式になることを心から願っています。

3 学期の通知表文例 【1年】

愛知県一宮市立浅井中学校　山田貞二

●友人関係が改善した生徒

　新しい友人関係に悩む日もありましたが，自分の言動をしっかりと見つめ直すことで友人関係を改善しただけでなく，周囲に気配りをすることができる温かい心で友人を増やすことができました。

　友人関係については，生徒との面談を通じて確かな情報を収集し，所見文を作成することが大切です。

●充実した係活動を行った生徒

　学習係として，丁寧な連絡をするだけでなく，提出物の管理や集配等を責任をもって確実に行うことができました。その継続的な取組の姿勢は，他の模範となるすばらしいものでした。

　地道に努力し続ける生徒の具体的な活動を象徴的に取り上げるようにすることが大切です。点ではなく線としての継続性が重要です。

●教科の好き嫌いがはっきりしている生徒

　年間を通じ，自信をもっている英語の学習に意欲的に取り組むことができました。この自信を他教科でも生かすよう一歩踏み出しましょう。

　まずは意識の変革からです。できていることをほめ，励ましにつなげます。

●表現力に優れた生徒

美術の絵画作品をはじめとして，技術のパソコンによるデザインアートや家庭科の服飾デザインなど，オリジナリティーと瑞々しい感性にあふれた作品を次々とつくり出すことができました。

1つの作品だけでなく，まとまりとしての表現力について記述します。

●図書館をよく利用し，読書量が多い生徒

図書館をよく利用しいつも身近に本を置くなど充実した読書習慣を身につけています。それが対話力として授業中にも発揮されています。

1つの事柄を他の事柄と結びつけることで，所見に厚みをもたせます。

●園芸活動に熱心に取り組んだ生徒

園芸委員として，花壇への散水だけでなく，花摘みや草取りなど当番でない日にも世話をするなど，自然愛護の心が大きく育ちました。

年度末の評価は，一年を通じての生徒の活動の評価ともなります。

●いじめの中心となっていた生徒

人と人とのかかわりについて深く考えた3学期でした。人に対する優しさを大切にし，さらに充実した学校生活にしましょう。

扱いにくい問題ですが，しっかりと励ましの言葉をかけることが大切です。

3 学期の通知表文例 【2年】

愛知県一宮市立浅井中学校 山田貞二

●自分に自信がもてるようになった生徒

> 学級役員に推薦されたことから，自分自身に自信がもてるようになり，校内外のボランティア活動に積極的に取り組みました。特に「あいさつ運動」での活躍には目覚ましいものがありました。

　生徒の日常生活の中の変化を見逃さず，さらなる自信をもたせるような励ましの言葉を記述することが大切です。

●創意工夫ができる生徒

> 3年生を送る会の実行委員として，これまでの方法にこだわらず，斬新な考え方でステージパフォーマンスを企画，演出することができました。そのよりよいものを求める姿勢と創造性は見事なものでした。

　行事にかかわって生徒がどのような活動をしているかを記録として蓄積するシステムを校内に構築することも重要です。

●清掃活動に意欲的に取り組めない生徒

> 卒業式の準備や片づけでは精力的に活動する姿が立派でした。その姿勢を日常の清掃活動にも反映させるとさらなる成長が期待できます。

　できるところを認め，それをできないところに応用する記述とします。

●分け隔てなく友人関係を築ける生徒

　スキー研修の班編成の際，調整がうまく進まない状況を察し，自分が進んで移動することで解決を図ることができました。分け隔てのない友人関係をつくり上げている○○さんの人柄のすばらしさを感じました。

　１つの場面を具体例として，生徒の人柄を称賛する記述です。

●受験を意識して学習姿勢が変わった生徒

　自分の進路に対して具体的な目標をもち，学習に対する姿勢が大きく変わってきました。毎日の自主学習のノートがその意欲を表しています。

　受験に対する意識が高まる時期の小さな変化を捉えることが大切です。

●探究心が育ってきた生徒

　数学の授業後に，自分の力を伸ばすために，より難解な問題に積極的に挑戦しようとするなど，探究心が大きく成長しています。

　主体的に取り組む学習姿勢に対する評価は重要です。

●体育が苦手な生徒

　体育の授業では，できるようになるまで何度も挑戦し続ける意欲的な態度が見られました。この粘り強い学習姿勢が必ず成果を運んできます。

　結果や成果よりも，学習のプロセスを評価することが大切です。

3 学期の通知表文例 【3年】

●目立たないが落ち着いた行動ができる生徒

　一年を通して穏やかな表情で生活し，小さなことにこだわることなく，やるべきことをきちんと遂行していく力強さをもっています。落ち着きのある行動は，他者からの信頼につながっています。

　目立つことばかりでなく，目立たないが当たり前に生活している中に生徒の価値を見いだす鋭い観察眼をもつことが大切です。

●進路が確定した後に学級に貢献した生徒

　先に進路が決定した後も，受験に向けて努力している生徒のために学級の仕事を率先して行ったり，卒業へ向けた準備をしたりと自分の使命をはっきりと自覚した利他的な行動をすることができました。

　受験に向かう中で，黙々と学級や友人の支援を行っている生徒に目を向けることは，卒業に向けた学級経営を考えるうえでも大切なことです。

●進路の実現に向けて努力した生徒

　一年間，進路の実現に向けて努力してきました。これまでの粘り強い取組は実にすばらしく，今後の生活にも必ず生かされるはずです。

　大きな壁を乗り越えようとした努力を称賛し，将来への期待を伝えます。

●友情を深めた生徒

　一人ひとりの友人を大切に思う気持ちが強く，友人が間違った言動をしているときにも，自分が正しいと思う考えを温かく伝えることができました。遊びだけではない，真の友情を深める姿に感銘を受けました。

　３年生は，表面的ではない，深い友人関係にまで触れることが大切です。

●発展的な学習に取り組める生徒

　明確な目標をもち，授業中の学習内容だけでなく，問題集や資料集にある発展的な内容にまで範囲を広げて学習を進めることができました。

　学習意欲が高い生徒は，授業外の取組を具体的に評価することが大切です。

●卒業を前にボランティア活動に積極的に取り組んだ生徒

　お世話になった学校に恩返しをしたいという熱い思いから，毎朝の清掃ボランティアに取り組み，学校に対する感謝の気持ちを表しました。

　卒業期の生徒の活動には愛校心や感謝の心が活動となって表れます。

●卒業を前に自分に自信がもてない生徒

　この３年間の学習や運動に対する取組は，いつも前向きですばらしいものでした。その姿は，多くの級友に勇気と希望を与えています。

　客観的に見た人物像を示し，自己肯定感を高めるようにします。

楽しかったね。幸せだったね。来年もね。

新潟市立巻西中学校　堀川真理

1 トークのポイント

　はじめは探り合い，でも，心を開き合い，本気でぶつかり合いもして，目には見えないけれども「絆」を結び合ってきたクラスの仲間と担任です。クラス解体の日は，中学校生活はまだあるけれど，やっぱり一抹どころか二抹三抹の寂しさがあります。それどころか，来年はどんなクラスになるのだろうかと，期待よりも不安の方がとても大きくなっていきます。

　学校生活もベテランの生徒たちです。少なくとも7年間はやってきました。そんな中で，決して居心地がいいとは言えないクラスを経験してきた生徒も少なくないはずです。「こんなに安心できるクラスははじめて」という賛辞も，担任としては複雑な思いです。なぜなら，今までは安心できないクラスにいたのだなと推察できるからです。

　凝集力が高いクラスになればなるほど，生徒は来年度が不安です。そして，今のクラスに未練が残ります。「去年はこうだった」「○○先生ならこうしてくれた」という声が，新年度が始まってしばらくして必ず出てきます。そうなったら，信頼し合えた凝集力の高いクラスの経験が，新しいクラスの邪魔になることさえあり得ます。

　そうならないために，今年度のことは今年度で完結し，「このクラスで得たことを，次のクラスで役立てる」という気持ちをもたせてクラスを解く必要があります。「○○先生がよかった」「○○先生じゃなきゃダメだ」という言葉は，○○先生にとっては正直うれしいことではあります。しかし，生徒にとっては幸せとは言えないと思います。「○○先生は大好き。でも，今の

クラスも結構いいよ」と言わせてこそプロの教師です。いかに前向きに４月を迎えさせるかがカギと言えます。

2 トークの具体例

　教師自身が感傷的になってはいけません。会心の学級経営ができた年度などは，教師自身が別れがたい気持ちになります。また，そんな気持ちになってこそ，本物の学級経営とも言えます。しかし，生徒に前向きな新年度を迎えさせるには，教師も前向きな気持ちで新年度を迎える姿勢を見せる必要があります。元気よく，笑顔で。お祝いムードをいっぱいに漂わせます。

　服装もいつもよりは「盛って」祝福します。入学式の在校生担任の服装程度，と言えばわかりやすいでしょうか。スーツで，アクセサリーやコサージュ等も生徒は喜びます。先生が改まった気持ちで自分たちのために「盛って」来てくれたのですから。

> ただ今より，○年○組の修了式を挙行いたします。
> 修了証書授与。○○さん。…

　名簿順に名前を読み上げ，「通知表」という名の「修了証書」を渡し，しっかりと目を見て握手します（感染症予防であれば腕と腕を合わせます）。
　一年間の終わりを「修了式」という位置づけにして，フォーマル感を漂わせます。解散を強く意識させ，後ろを振り返らせないための演出です。通知表の所見に一年間の成長と生徒一人ひとりの輝いていた面を丁寧に記し，文章上で心の交流をします。

> 　進級おめでとうございます。感受性豊かで細やかなＡさん。他の人が気にしないような言動も，敏感に感じ取る力をもっています。それは時に自分を苦しめることもあります。そんなとき，必ず私に相談してくれ，

解決を図ることができました。相談できることは重要な問題解決能力です。Ａさんは人の相談にも乗れる優しさをもっています。Ａさんのおかげで助かった友だちは数多くいます。来年度も大いに期待しています。

ひとしきり通知表を読んだあと，くす玉を割ります。

お祝いのくす玉割りを行います。テープを引っ張りたい人？
　（十分に人間関係が醸成されたクラスでは，希望者が多数出ます。希望した生徒全員がテープに触れられるようにテープは長めにします。また，希望者が少ない場合はクラス代表などを指名します。ここで，特別支援学級在籍の生徒も前に出せればベストです）
　ではカウントダウンします。ご唱和ください。３，２，…これは練習です。もっと声を大きくしないと割れないよ！　もう一度！　３，２，１!!
　（玉が割れて紙吹雪が飛び，「祝○年○組修了！」の垂れ幕が下がります）

大きな拍手で大いに盛り上がり，祝福ムードで包んでいきます。決してしんみりとはさせません。
　次は「○年○組の10大（重大）ニュース」の発表です。事前にアンケートをとっておき，一年間の出来事を振り返ります。もちろん，ランキング形式で10位から発表。心に残っている出来事はケンカしたり大失敗したり驚いたりすることが多く，クラスは爆笑の渦と化します。笑いながらしみじみと一年間を感じます。

　○年○組の10大（重大）ニュース
　⑩合唱コンクール　優秀賞
　　こんな正統派がなんと10位…，あと何が出る？？
　⑨Ｓくん，くしゃみアタマぶつけ事件
　　やるなぁ，Ｓくん！　ねらってもなかなかできない！

⑧先生ワキ穴＆ワキ汗事件

　　授業参観でやらかす。どう，おしゃれでしょ？

（中略）

③Ｔくん，ロッカーにブラックホールつくる事件

　　すばらしい寝ぐせも人気を集めたが，やはりこちらがランクイン！

②冷水機ブッシャー！　大勢呼ばれ説教事件

　　うちのクラスから何人容疑者が出たことか…

①サボテンに穴！　担任激怒植物事件

　　今年一番の逆鱗に触れた事件！

　特別な行事ではなく，ふざけて大目玉を食らったことや，爆笑したことなど，日常の些細なことこそよき思い出になります。

　最後に，振り返りと勇気づけのスピーチ（または学級通信音読）をします。

　楽しくも踏ん張った一年間は，みんなと私にとって，これからの学校生活を支える土台になりました。こんなときはどうしたらよいか。どうやって解決してきたか。この○年○組で乗り越えてきたときのことを思い出して，次のクラスでもみんなと力を合わせ乗り越えていきましょう。大切なことは，みんなを信じること。「信頼」って目に見えないけれど手で触れるんだよ。みんなはきっと手で触って実感したことでしょう。だからその「信頼」を新しい仲間に手渡していくんだよ。

　だから，「去年のクラスがよかった」とは決して言わないでください。そんな言葉を聞いて，新しいクラスの仲間も先生も，だれもうれしい人はいません。心の中で思うことはあるかもしれません。でも，今いるところで「信頼」を手渡していく。そして信頼し合えるクラスをつくっていく。その方がずっと建設的です。大丈夫，みんなはこのクラスでそれができたのだから。未来は明るいよ！

今泣かないでどうする！
別れは軽くない

新潟市立巻西中学校　堀川真理

1　トークのポイント

　「また会おう」と約束しても，もう二度と会えないことも十分にあり得るクラスの解散・お別れです。それをきちんと意識させ，別れの重みをしっかりと感じる経験をさせ，最後の学級指導とします。

　そのためには，卒業式当日のみならず，事前のしかけが大切です。お別れが重いことに気づかせ，だんだんと卒業の日まで気持ちを積み上げていきます。具体的には，お世話になった教科担任の先生へのメッセージカード，クラスの仲間一人ひとりへのメッセージカード，感謝清掃，お別れレク，教室のもの（クラスの賞状や植物など）をビンゴで分け合う…等々，卒業式1週間前ごろから「終末」感たっぷりにたたみかけていきます。

　凝集力の高いクラスでは「卒業式泣く？」「なんかオレ泣きそう」「どうしよう？」といった言葉が飛び交ったりします。また，言葉にしなくても，寂しく悲しい気持ちが大きくなっていきます。そんなとき，教師の言葉がけで一気に「悲しさや寂しさに浸っていい，泣いてもいい」という素直な気持ちに導くことができます。

　「卒業式はみんなで泣こう。泣かないでお別れできるほど薄い関係じゃない。お別れは重いものです。そして，一番泣いてもいいときです。あとでうちに帰ってから泣くんだったら，お別れを惜しんで卒業式でみんなで泣こう。私も泣くよ。思い切り泣かなかったら大好きな人たちとお別れはできない」こんなふうに話すと「オレ泣こっかな」「みんなで泣こう！」となるのです。

2 トークの具体例

　卒業式で泣いていた生徒が着席して待っています。このときばかりは担任教師の感傷的な気持ちを素直に表現しましょう。「教師」という職業ではなく，生身の1人の人間として，大切な人たちとの別れを心ゆくまで味わうのです。

　お別れはとても悲しいけれど，まずセレモニーをしっかりと行います。お祝いのくす玉を割ります。ご唱和ください。3，2，1…

　（かけ声が小さい場合は，何度か練習をして，みんなの声がそろったらテープを引き，盛大にくす玉を割ります）

　みんなと何度かこうしてお祝いのくす玉を割ってきましたが，これが本当に最後です。晴れがましく，でも寂しいような気持ちです。

　先ほどの卒業式は本当に立派でした。呼名の返事，卒業証書をもらう表情と所作，式中の態度，卒業合唱。どれをとっても心がこもっていて立派でした。感激しました。もうあなたがたは○○中学校三年○組を卒業してもよろしい。もう私から教えることは何一つ残っていません。寂しいけれど，誇らしい気持ちでいっぱいです。

　このまま話を続けてもよいのですが，「担任祝辞」と称して，最後の学級通信を配って読めば，形にも残り，読み返すことができます。

拝啓

　あなたたちとお別れの日が来るなんて。当然わかってはいたけど，何度も卒業生を送り出しては来たけど，あなたたちとお別れするのは嫌だなあと思っている生身の私がいます。仕方のないことだし，喜ばしいことだし，ここ

に立ち止まっていられないこともわかりきっているのです。

　こんな気持ちになるのは，あなたたちとは本当の身内みたいにやってきたからだと思っています。正直に怒ったり笑ったり泣いたりしてきて，クラスには秘密がなかったね。とても安心でくつろげて居心地がいいクラスでした。担任の私がそう思うのだから，間違いはないはずです。

　開けっぴろげだったねえ，まず担任の私。そしてＹさん，Ｆさん。ほか10人あまり。おとなしそうな人も，クラスの雰囲気に包まれて，道徳の授業ではパッカンパッカン！　だれも人と同じ意見は言いません。自分の本当に思ったことを話してくれました。ダメなものはダメ，いいものはいい，としっかり言い合えるあなたたちは，私の理想のクラスでした。

　もちろん，ずいぶん手を焼かせてもらったねぇ。仕事させてもらったねぇ。まず，うるさい。悪ノリしすぎる。野獣には猛獣使い（って，それは私？）いやぁ，おかげで年取らないねぇ。年をとっている暇なかったねぇ。20代に見えると思うけど，もうすぐ還暦だよ。そこはまあまあ感謝しています。

　そして勉強しない。宿題しない。提出物出さない！　これも戦いましたね。どこまでも追求する担任。逃げる生徒。そして結果は，いつも担任に軍配が上がる。そのしつこさにはだれもかなわない。

　ふざける。いたずらをする。何度注意しても改善見られず。あげくの果ては，あろうことか担任にプチ反抗。とうとう担任ブチ切れ。２日間生徒と目を合わせず口利かず。授業はテンション低く。文句ないでしょ。それでも話し合いすらできないあなたたち。再度ブチ切れ。なんで何も言わないの。なんで話し合いをしないの。こんなときの乗り越え方を，ずっと教えてきたじゃない。一緒に乗り越えてきたじゃない。なんで何もしないの！　そう言って投げた道徳の時間。忖度なんかあるわけない。本当に思っていることをぶつけ合って，ほこりをバンバン出して，教室の空気がすっきりしたね。正直に言うよ。あんなことができる中学生は，日本中探してもうちのクラスの他にあんまりないよ。ほめているのです。お互いを信頼し合っているから本当のことが言えるのです。本当のことを言い合うから信頼ができるのです。手

で触れるのです。目には見えないけど，本当にそこにあることを，みんなは
しっかり実感しましたよね。

　そんなあなた方と一緒に過ごせなくなるのは，大切な友だちと別れるのと
同じ気持ちです。でも，お互い次のステップに行かなきゃね。とどまってい
たら大変なことになる。だけど，今日だけは別れを心ゆくまで惜しみましょ
う。幸せだった，大好きだった，３年○組。あと10年したらまた会おう。お
酒を一緒に飲もうね。この町には地酒も地ビールも地ワインもある！　温泉
もある！　最適です。そのときみんなは25歳。私はすっかりおばあちゃん。
でもきっと，25歳にも負けないパワフルおばあちゃんになっているから，気
を抜いちゃダメだよ！　お互い楽しみだね。

　皆さんの前途に幸多からんことを心からお祈りしています。ではまたね。

敬具

　文章にしておく利点は，伝えたいことを残さず伝えられることです。目を
見ながら語るパワーには負けますが，十分伝わります。それは，普段目を見
て情熱を込めて語ってきているからこそです。

祝歌披露。
（歌が苦手な先生は，詩の一節を朗読してもＯＫ）
大好きなみんなとのお別れに，記念に大好きな歌を贈ります。
（定番はスピッツの『チェリー』。生徒も知っており，卒業のはなむけには
ぴったりの歌詞）

　その後，時間があればクラスが好きだった歌（私の学級では，GReeeeN
の「キセキ」を好んで歌っていました）をみんなで肩を組んで歌い，最後に
円になって全員と握手をし，担任から小さな花束を渡して教室をあとにしま
す。

胡子美由紀の学級経営―5つの鉄則

個性が輝き心でつながる学級づくりを！
学級を最高の One Team に！

広島市立古田中学校　**胡子美由紀**

鉄則 **1**　　生徒一人ひとりを見取る

　　学級経営の基盤は生徒理解です。学級には，様々な考え・興味・関心・適性の生徒が集っています。中学校は心身共に大きく成長すると同時に，悩みやストレスを抱える時期でもあります。よって，生徒一人ひとりの内面まで共感的に理解することが必要です。多面的・多角的に理解するために，私は「授業時間外も教室や廊下で声をかける」「傾聴する」「言葉を受け止める」「他の教師と情報を共有する」などのアクションを起こし，**生徒のわずかな変化やサインを見逃さないようにします。**すべてをまるごと受け止める教師の姿勢が生徒の心を開き，教室が安心して過ごせる場になります。

鉄則 **2**　　3つの「つなぐ」を大切にする

　　私は3つの「つなぐ」を大切にしています。まずは，**生徒と教師が信頼関係を「つなぐ」**ことです。日々のちょっとした声かけや日記へのコメントで「いつも気にかけている」ことを伝えます。教師になって以来行なっている日記でのやりとりは関係構築の生命線です。2つめは，**生徒同士を「つなぐ」**ことです。学級のいろいろな場面で，協働して取り組む活動をしかけます。活動の中で，生徒たちは心を通わせ合い，豊かな人間関係を構築していきます。最後は，**生徒の現在を過去と未来への歩みへ「つなぐ」**ことです。私はこれらを「つなぐ」ため，教師としてファシリテイトしていきます。

鉄則 3　目標を共有する

　目指す学級像と生徒像を担任の願いと共に示し，生徒一人ひとりからどんな学級を目指したいかを引き出します。学級目標は学級経営の柱です。教師からの一方的な提示ではなく，双方の思いが反映された目標の共有は，学級の一体感を増し，生徒・教師間の信頼関係を築く盤石な土台になります。**学級が「学びに向かう集団」となるべく，One Team で歩んでいく覚悟を決める過程ともなります。**「この学級でよかった」と一年経ったときに思ってもらえたら，これほど幸せなことはありません。

鉄則 4　規律をつくる

　学級は生徒にとって学校生活の拠り所です。すべての生徒が安心して過ごせる空間をつくり出すには規律が必要です。規律ある学級にするために，「人を傷つける言動は絶対に許さない」「うそをついてはいけない」の２つを宣言し，教師が妥協しない姿勢を打ち出します。そこから，掲げた目標を達成するのに必要なこと（ルール・リレーション）を生徒に問いかけ，具体的なルールとして明確化します。共有した目標の達成に必要だからこそ，生徒は実行に移そうとします。ルールの徹底により規律が確立されると，生徒はやる気になり，他者貢献をいとわずまわりの人を尊重するようになります。教科授業においても，メリハリが生まれ，一体となって学ぶ集団になります。**これがよい集団づくりの土壌となり，自律的学習者育成の土台ともなります。**

鉄則 5　誰一人取り残さない

　「支え愛」「認め愛」「学び愛」「高め愛」の４つの Love をもって，学級をどの生徒も大事にされる居心地のよい場所にすることを宣言します。温かい関係の中で，生徒全員が個性を生かし，かかわりながら仲間と共に目の前の課題に挑戦し，目標に向かって進んでいくことを目指します。こうした営みを通じて，困難な課題に直面したときも，**やり抜く主体性（grit）と柔軟な思考（growth mindset）をもった生徒や学級集団**に育っていきます。

吉田順の学級経営—5つの鉄則

困ったら，このたった5つの
鉄則を点検し，試してみよう

生徒指導コンサルタント　吉田　順

鉄則 1　まずはおもしろい教師になる

　学級経営や生徒指導がうまくいく大前提は，担任と子どもとの間に人間関係（信頼関係）があることです。知らない人に何か言われると，例えば叱られたりすれば，だれもが素直にはなれません。しかし，よく知っている人や大好きな人に叱られると，嫌われたくない，あの人のようになりたい，と思うから従おうという心理が働きます。こうして，担任と子どもとの間に信頼関係が生まれます。案外，日常にみられる簡単な心理がポイントです。

　それならばどうすれば，信頼関係を築くことができるのでしょうか。出会い（学級のはじまりなど）が大切で，「この先生はおもしろい」と思ってもらうことです。ですから，**その出会いで「規律だ！　規律だ！」などとやるより，おもしろいと思ってくれる話や特技を披露すること**です。すると，「今度の先生は話しやすい，相談に乗ってくれそうだ」となります。

鉄則 2　子どもが認められる活動をつくる

　子どもは，無視されたり，見捨てられたりすることを嫌います。だれもが「認められたい」という本能的な欲求を生まれながらにもっているからです。

　学級で認められている子は，歪んだ形で欲求を満たす必要がありません。認められるためには，認める他人がいないといけませんから，**子ども同士の活動がなければ，認められる体験は積めない**のです。この活動を学級の中に

つくり，多くの子どもが活躍できるようにすることです。

鉄則 **3**　子どもに公平に接する

　子どもは不公平に扱われることもとても嫌いです。異常な反発を経験した先生も多いと思いますが，これも人の本能的な欲求ですから当然です。

　しかし，すべての子どもに公平に接するのは至難の業です。例えば，私語を注意すると，子どもは「なんで俺だけを注意するんだ。他にもいたのに！」と反発します。そこで普段から，**「そういうときには，何人もの名前をあげずに，だれか一人を注意するけれど，自分は関係ないのだと思ってはいけません」**という話をしておくようにします。

　「はじめて遅刻した子の注意と，何度も遅刻してくる子の注意は違います」といった話もしておき，無用な不公平感を抱かせないように努めます。

鉄則 **4**　子どもに嫌われることを恐れない

　子どもとの信頼関係を築くときの最大の難問は，「ここで叱ると，せっかく築いてきた関係が崩れるかも」というときに，どうするかです。「見て見ぬふりをしておこう」「厳しく叱らない方がいいかも」といった迷いもわかりますが，**その他大勢の子どもたちから信頼を失うことになります。**

　「嫌われてもいいから，ダメなことは叱る」と肝に銘じておくことです。

鉄則 **5**　「やってみせる，一緒にやる，させてほめる」

　子どもたちに物事を教えるときの一番の方法は，「やってみせる，一緒にやる，させてほめる」ことです。**教師がやってみせる，次に子どもと一緒にやる，最後は子どもだけにさせてほめる**のです。

　「教室が汚い」「机が乱雑だ」「なぜ黒板が消されていない」などと朝から帰りまで小言を言っても，効き目はありません。どうでもいいやという子から，やり方がわからない子までを一括りにして説教するよりも，この方法でやってみてください。

■教材研究・授業準備

ポイント 1 「苦手なあの子」を思い浮かべる

　授業をしていると，目を輝かせて参加している生徒がいる一方で，ノートに何も書かない生徒，寝てしまう生徒もいます。どうやったらこの生徒たちの鉛筆が動くかを考えるのが教材研究の出発点です。

ポイント 2 「これだけは教えたい！」をもつ

　授業構想を立てていくと，つい欲張ってしまいがちです。しかし，授業で扱う内容のうち，「この点については，最低限生徒全員に指導したい」ということを決めます。そのうえで，「生徒たちの調子がよければこういったことも指導する」というオプションをもちます。

ポイント 3 板書計画メモで流れをつくる

　毎回指導案をきちんと書いて授業に臨むというのは理想的な姿ですが，現実的にそれは無理でしょう。しかし，板書計画のメモをつくっておけば，1時間の流れを手軽に整理できます。

ポイント 4 ノート指導を大切にする

　苦労してレイアウトを考え，忙しい時間の合間を縫ってつくったワークシート。いざ授業で使ってみると，意外にも生徒の鉛筆が動かない。授業後回収すると朱を入れたワークシートが床に散らかっている。こんな経験はないでしょうか。もしあれば，改めてノートづくりを大事にしたいものです。

生徒も教師も どちらも得する準備を！

和歌山信愛大学　小林康宏

1　「苦手なあの子」を思い浮かべる

　授業中，席には着いているものの，言われなければ教科書を開かない，板書したことすらノートに書かない，といった生徒はどこにでもいると思います。また，途中で寝てしまう生徒もいると思います。

　中学校入学の時点で，生徒は小学校6年分の差を引きずっています。だから，例えば小学校で国語が苦手だった生徒はやっぱり中学校でも苦手，目の前で寝ていても仕方がない，これは私の責任じゃない，小学校の先生の責任…となりがちです。

　同じことは中学校の中でも言えます。この子は中1，中2と上がる段階で難しくなる勉強についていけずあきらめてしまった。だから今，私が受け持つ中3の授業で1時間ぼんやりしていても仕方ない…。つい，そう思ってしまいます。

　でも，授業はそこに参加する全員の利益になることが求められます。生徒の可能性を伸ばすために尽くすのが，教師の仕事のはずです。

　教師の目の前で寝ている生徒は，心の中で「先生の授業がおもしろくないから寝てるんだよ」とか「どうせ自分なんか先生の視界には入っていないでしょ」と言っているかもしれません。

　そこで，一見回り道のような感じもしますが，授業構想を立てる際は，**まず授業にはまってこない生徒を思い浮かべ，「その生徒はなぜ書けないのか，なぜ寝ているのか」を考えてみます**。また，どんなときに反応できたか，表情がよくなったかということも思い出してみます。そこから対策を立てます。

例えば，説明を長くすると寝てしまうけれど，説明のはじめは聞こうとしている，といったことがあれば，説明をできるだけ端的にします。

こちら側の考えたことが，授業に消極的な生徒に効果的なときもあるし，そうでないときもあるでしょう。けれども，効果の有無にかかわらず，「先生が自分を大事にしてくれている」ということは生徒にはよくわかります。

そういう努力を積み重ねていくことで，結局はわからない生徒が減り，楽しい授業になり，授業が充実します。そして，教材研究も楽しくなり，はかどり，準備の時短にもつながっていきます。

最もよくないのは，消極的な生徒を見切り，こちらが何を伝えたいか，わからせたいかを決め，一方的に伝えていくような授業を構想することです。

2 「これだけは教えたい！」をもつ

昼食後の授業。授業構想を綿密に立て，指示・発問も考えて自信満々で教室に行ったら，給食当番の仕事がきちんとされておらず，食器かごや食缶が残ったまま。片づけの指示をして，ようやく10分遅れで授業開始。綿密に立てた授業構想はすでに崩壊…。

教室の状況や生徒の気分によって，授業開始時の教室の雰囲気は大きく変化します。従って，雰囲気に合わせてある程度柔軟に対応できるような準備をしておかないと，授業をうまく展開することは難しくなります。

そこで，教材研究をする際に大切なことは，**「この授業では最低限度ここまでのことは指導しよう」ということを決めておくこと**です。ただし，最低限度といっても，その時間に指導すべき程度を下げるという意味ではありません。**その授業の指導内容の「本質」を押さえる**ということです。それをきちんと定めておき，活動の内容を実態に合わせて変化させます。例えば，全体追究の前にグループの話し合いを当初は組んだけれど，今日は生徒の雰囲気が重いのでグループの話し合いは活性化しそうにない，だから個人追究の後は全体追究にして計画指名する，といったやりくりをしていきます。

3 板書計画メモで流れをつくる

　部活があって，生徒指導があって，会議もあって…，冗談抜きに授業をする暇もないくらい中学校現場は多忙を極めています。けれども，準備が整わないで授業に臨むほど不安なことはありませんし，それできちんと授業ができなければ，生徒からの信頼はどんどん落ち，比例して授業態度も悪くなります。

　そこで１時間の授業に不安なく臨むためにおすすめしたいのが，「板書計画メモ」です。一辺が５㎝くらいの付箋に**「本時の学習課題」「課題達成のための見通し」「生徒から出る考えの予想」「まとめ」の４つの要素で板書計画を書きます**。そして，本時で扱う教科書のページに貼っておきます。

　こうすることで，授業の見通しも立ちますし，整った板書も準備することができます。

4 ノート指導を大切にする

　ワークシートを丁寧につくることは，授業の効率を高めることにつながるような気がします。けれども，本当にそうでしょうか。かえって生徒の意識をこちら側の用意した枠にはめ込んでいないでしょうか。さらに，受け身な学習を助長してはいないでしょうか。

　私も随分長くワークシートづくりに情熱を燃やしていましたが，止めました。生徒の家で身銭を切って買ったノートに書かせるようにしました。板書で写してほしいところは写させ，自分で工夫をしてノートをつくらせるようにしました。生徒のノートですっきり見やすいものがあれば全体に紹介したり，時には隣同士で見合わせたりすることで，各自の工夫が発揮されたノートができていきました。**ワークシートをつくらず，生徒が考える機会をつくることによって，結果として教師の労力が減り，生徒が鍛えられることにもなる**のです。

■テスト作成・成績処理

ポイント**1** 配点は1問【2点】で─さらば1点問題

　問題をつくってから配点を決めると，予想以上に時間がかかってしまってどうにもこうにもなりません。基本は1問2点で50問つくるイメージです。難易度の高い問題ならば4，6点とします。とにかく偶数です。また，偶数配点ならば部分点の△もつけやすくなります。1点問題に別れを告げます。

ポイント**2** 問題に「難易度」を表示する

　定期試験に慣れていない中学1年生は，難しい問題のところで立ち止まってしまい，最後まで終わらないことがあります。だから，最初の段階では難しい問題は「難しいぞ！」と伝えてしまうのです。飛ばす技術を覚えます。

ポイント**3** 「テスト」の時間的余白を上手に使う

　試験問題を解き終えた後に書き込める欄をこっそり用意します。終了のチャイムが鳴るまでの手持ち無沙汰の時間は，「むだ」です。その時間を活用して，生徒から情報をもらって「会話」の糸口を見つけてみましょう。

ポイント**4** 異動をしたら「評定」の湯加減を確かめる

　ずるい方法ですが，私は異動したらこっそり前年度の9教科の評定具合を見せてもらいます。目的は，その学校の通知表に並ぶ数字の雰囲気をつかむためです。大まかな感じをもって評価をすることは，異動したばかりの先生にとって仕事をスムーズにするための裏技となります。

今から学んでも遅くはない，テストづくり・成績処理のお作法

埼玉県立特別支援学校坂戸ろう学園　**山本純人**

1　配点は1問【2点】で—さらば1点問題

A　テストの問題数と配点を，最初に決めてしまってからつくる派
B　テスト問題をつくりながら，完成後に配点を調整して決める派

　あなたはAとBどちらの派閥に属していますか？　圧倒的に，採点も含めてAの方が早くテスト業務が終わります。奇数配点を使うと，問題数は多くなりがちです。2点問題×50問を最大の問題数と考えてみましょう。そして，問題の難易度を勘案して，4点問題をぽつんぽつんとこしらえます。そうすれば，全体の問題数も抑えることができます。

　問題数を抑える＝絞るということは，不必要な問題を減らす視点につながり，その点でも効果があります。問題数が多ければ多いほど，採点の時間が必要とわかりながら，問題数を多いままにしてしまう先生は後を絶ちません。

　また，偶数配点ならば△の部分点をつけることも簡単です。1点問題では△はつけられず，3点問題だと1.5点と中途半端極まりないのです。

　大昔は，知識だけを問うようなテスト問題もありましたが，今は思考を書く問題も必要です。**生徒の考える時間をキープすることは，生徒の試験に対する満足度につながります**（経験的に，生徒は問題数が多いと自分の不勉強は横に置いて，不満を口にする確率がお高めです）。いろいろな視点から考えても，偶数配点は，コスパのいい〈仕事術〉なのです。

2 問題に「難易度」を表示する

　小学校の市販テストは，問題数が少ないのが特徴です。そして，問題も比較的易しい問題から難しい問題になるように順番が考えられています。

　しかし，中学校の先生は，そのイメージがなく，自分のつくりたいようにつくってしまいがちです。だから，生徒は「とある問題」で立ち止まってしまう場合があります。結果，解答用紙の後半が真っ白…なんてことは，中学1年の「初」中間試験でのあるあるでしょう。私は難しい問題は素直に難しいと表示します（現在は，中学生と高校生を教えている関係で，高校生の問題の写真を使っています）。**「難しい問題はまず飛ばす」という基本を覚えてもらうため**です。最後までとりあえず終わってから，ねじりはちまきをしめて難問に取りかかってもらいます。こういうことも，問題を通して1つずつ教えていくのです。

　また，難易度の観点から，問題の並ぶ順番もかなり意識します。例えば，国語の漢字の書き取り問題が5問あれば，その5問が**易しいものから難しいものになるように意図的に並べ**ます。問題の難・易がバラバラに並ぶと，採点のときに○××○○などとなり，とても採点のリズムが悪くなります。ある程度の経験を積めば，○○○××になるような問題の並び順もわかります。○が続くところ，×が続くところをイメージして問題を並べると，採点時の速さも疲労具合もまったく違ってくることでしょう。

　　　　　　　　　　　　　　　　　　　　　　　　　　（十二）△「さいごのひとわんを……」のあ
　　　　　　　　　　　　　　　　　　　　　　　　　　（十一）難問四点　Ora Orade Shitori egu
　　　　　　　　　　　　　　　　　　　　　　　　　　最初から書かれているのはなぜか

3 「テスト」の時間的余白を上手に使う

　定期テストの試験監督に行ったら，テスト時間の半分も経たないうちに教室の過半数が寝てしまう科目を担当することがあります。ここだけの話，心

の底から絶望的な気持ちになります。チャイムが鳴るまでの30分以上をこの状態…と思うと，救いがたい気分になります。私は，先述の問題数や難問表示等で，試験の終わる時間をかなりコントロールしています。そして，**終わった余白の時間には，「あなたのおすすめ情報」を記入してもらいます。**

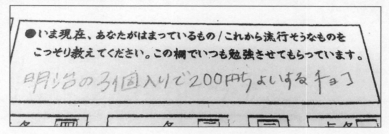

　中学生は，大人が全然気がつかない視点で情報を紹介してくれます。本当に役立つ実益となる情報と，どうしようもない情報が書かれます。どちらの情報も採点の休けいで読み，楽しませてもらいます。ただ感想を書かせると「愚痴」系になる場合が多いので，近年はこの方式がお気に入りです。試験後に，気になった情報を書いてくれた子にはお礼を言い，気になることを質問します。ある意味でテストに教育相談的な機能をもたせていると言えます。テストの空白の時間を減らし，情報を得られる点でも一石二鳥の方法です。

4　異動をしたら「評定」の湯加減を確かめる

　全国津々浦々とまでは言えませんが，評定（1〜5）の数を報告している学校が多いと思います。私は異動をしたら，その学校の評定の雰囲気を確認します。教務主任等に「参考のため」と言って前年度の各教科の評価具合をこっそり見せてもらっています（ポイントは，「こっそり」の部分）。もちろん，評価評定をつける行為は，教科担当が責任をもってやらなくてはいけません。しかし，**その学校の「これまで」を知って，成績をつけるのと知らずにつけるのでは，余計な問題に巻き込まれる可能性がまったく違ってきます。**特に，中2，3から担当する際は，このあたりの丁寧な確認が大切です。

コスパを最大化する，達人の仕事術

■校務分掌

ポイント 1　各自の分担をはっきり決める

　担当になった教師が複数いる場合には，年度当初の係会のときなどに，だれが何を請け負うのかをはっきりと決めます。そうして，各自が責任をもち，自分の仕事を進められるようにします。

ポイント 2　最初から100%を目指す

　行事の計画案などをつくる場合には，第一案の段階からベストのものをつくるようにします。とりあえず係会や学年会に出してみて，修正意見を聞いて直せばいいや，と思い，大雑把なものをつくるのではなく，完璧なものを出します。

ポイント 3　できることは今すぐ片づける

　日々の生活は急な生徒指導や保護者対応が入ってきて，考えていた予定通りに進まないことが多いものです。分担された仕事で，今できることはすぐに取りかかることが大切です。

ポイント 4　余裕をもったお願いをする

　係の仕事を進めていくうえで，先生方の意見を聞いたり，反省を集めたりしていく機会は結構あるものです。行事等の準備の進め方の見通しは日程がタイトにならないように，具体的に示し，先生方の声を集めるときは締め切りに余裕をもたせることが，結果的に仕事の質と能率を高めます。

早目の責任ある備えが，
同僚と自分の負担を減らす！

和歌山信愛大学　**小林康宏**

1　各自の分担をはっきり決める

　例えば，図書館教育係の４月の係会。秋の読書週間の担当はＡ先生とＢ先生に決まりました。お互い，１人では心細いので，ほっとした気持ちになります。読書週間が近づいたころ。だれが職員会議に出す係案をつくるのか，だれが図書委員会を動かすのか，ちょっとした押しつけ合いが始まります。

　といったように，**「時期が来たら協力しましょう」といったような心地の**
よい言葉で，だれがいつまでに何をやるのかといったことを当初うやむやに
していると，最終的には負担感が大きくなり，人間関係が崩れていきます。

　係主任になったら，年度当初の係会の際に，分担をきちんと決めることはとても大切です。係主任でなかったら，「４月はじめに分担を決めることは気が重いけれど，また集まって分担決めをするのも大変なので，今決めてしまいましょう」と提案することをおすすめします。自分の分担が決まってしまえば，自分のペースで能率よく仕事を進められます。

2　最初から100％を目指す

　仕事を進めていく中で，自分で考えたプランを出してみて，まわりの先生方の意見を聞きながら，よりよいものをつくっていくという考え方は，一見とてもよいことのように思えます。しかし，本当にそうでしょうか。お互いに忙しい生活を送っています。会議もできることなら早く終わらせて自分が抱えている仕事をやりたいと思っています。そこに，不完全な係案が示され

て，「先生方，足りない点について教えてください」などと言われたら，たまったものではないと思います。少なくともお互いにプロなのですから，**会議に出す資料等はベストな案を出したいもの**です。

　誤字の確認や，よく係案にありがちな日付や曜日に間違いはないかの確認まで行ってから検討の場に出すことをおすすめします。

　確かに，パーフェクトなものをつくるのは，雑な係案をつくるのよりは時間がかかります。肝心なのはその後です。整った案であれば，協議する時間も少なくて済みます。また，あっちこっち直すことを求められることも少なく，仕事は前に進んでいきます。雑な案を出した場合，会議の時間はかかり，修正要求が多く出て，悪くするとその後係会を開き係の先生方の時間を使い，また，会議にかけて多くの先生方の時間を使うという結果となります。

　さらに，特に自分が担当になった最初の提案等の際にパーフェクトを目指して仕事をすると，仕事が丁寧，落ちがないという周囲からの信頼につながります。その信頼感は次の仕事を進めていくときにも大変役に立ちます。**「この先生の仕事だから大丈夫」という意識をもってもらえるので，以後の提案は余計なことまで詮索されずにサクサク進みます。**

　反対に雑な提案をすると，不信感をもたれるので，何を提案してもいつも修正意見が出され，いつもやり直しという悪循環が待っています。

3　できることは今すぐ片づける

　「係内で分担されていた仕事の締切は，２週間先。だから，３日くらい前になってから始めれば間に合いそうだな」と思い，Ａ先生は担当の仕事には手をつけずにいました。締切３日前，担任するクラスのＢ子さんが欠席しました。Ｂ子さんの母親との電話で，Ｂ子さんはクラス内でいじめを受けていることを訴えていることがわかりました。急いでクラスの生徒からの聞き取りを始めます。Ａ先生を取り巻く状況は係の仕事どころではなくなり，結局係内の締切をＡ先生は守ることができませんでした。

生徒指導や保護者対応等，重い事案への対応はいつ生ずるかわかりません。だからといって，自分が任されている係の仕事をやらなければ，今度は係の先生方や学校全体へ大きな迷惑がかかります。

　従って，**締切がまだ先だからといって係の仕事を放っておくのではなく，仕事に手をつけられる状況になり次第，やってしまうことが肝心**です。このことはリスク回避という観点以外にも，仕事の質を上げるという観点からもおすすめします。余裕をもって早く係の仕事をすることで，締切までに見直しをすることができます。その中で細かい点について修正を加え，結果的に質の高い仕事，やり直しをしないでもよい仕事をすることができます。

4　余裕をもったお願いをする

　係の仕事を回していく中で，先生方に協力していただくことは数多くあります。このときに必要なことは次の2つです。

　1つは**余裕のある推進日程**です。推進日程を示す時期に余裕をもち，推進日程の内容に余裕をもたせるという2つの点を大切にします。例えば，生徒会で文化祭までの推進日程を示すとき，実行委員，合唱コンクールの曲，クラス展示の内容等様々なことの締め切りを示します。スケジュールを示すのが遅く，日程がきつければ，それだけ先生方にも生徒にも負担をかけてしまいます。従ってクレームがついたり，予定通りに進めてもらえなかったりする場合があり，結局こちらの負担が増える可能性が高くなります。

　もう1つは，**できるだけ負担のかからない方法でお願いすること**です。例えば，文化祭の反省をいただきたいときに，紙に書いてもらって回収するより，サーバに入れたファイルを上書きしてもらうことで，先生方は，思いついたときに入力することができますし，書き直しなどをするのも簡単にできます。また，こちらも，紙に書かれたものをパソコンに打ち込み直すという手間がまったくかかりません。

■スケジュール管理

ポイント **1** 「なぜスケジュール管理をするのか」を認識する

　スケジュール管理をする理由をはっきりさせます。「みんながやっているから…」では自分に合ったスケジュール管理はできません。あなたならではの動機を明確にすることをおすすめします。

ポイント **2** 「仕事の時間割」をつくる

　学校の時間割と同じように，あなた自身も仕事の時間割をざっくり考えましょう。その日の気分や自分の好き・嫌いに頼ったムラのある仕事をしていると，あっという間に時間が過ぎてしまいます。

ポイント **3** 「忙しい時期」をつくらない

　年度はじめや学期末…。先生というのは，忙しい時期が決まっています。それがわかっているからこそ，仕事を平均化し，繁忙期をつくらないように工夫することができるのです。

ポイント **4** 「スパンごと」にスケジュール管理方法を変える

　短期・中期・長期とスパンによって，スケジュール管理を変えるのが栗田流。それぞれのスパンの特性を踏まえ，効率的なスケジュール管理方法を紹介します。自分に合うものを抽出して実践してみてください。

「効率」と「クオリティ」を
両立できるスケジュール管理を

私立高校教諭兼著者　栗田正行

1　「なぜスケジュール管理をするのか」を認識する

　まず，あなたが効率的なスケジュール管理を実践する前に考えてほしいことがあります。それは，「なぜ，あなたは効率的に仕事を進めるためにスケジュール管理をしたいのか」ということです。テクニカルなことを考える前に，あなた自身の動機が重要なのです。理由は，その動機が原動力となり，継続的な取組につながっていくからです。

　ちなみに，私のスケジュール管理の動機は，<u>**「休むため」「学ぶため」「考えるため」**</u>の３つです。

　先生だって休まなければ，よい仕事はできません。仕事外で学んだり，考えたりする時間すら設けられないようでは，なかなか自己成長につながりません。私の認識では，<u>**「時間が余ったらやろう」という夢は実現しない**</u>ので，自らスケジュール管理をして時間を生み出すようにしています。

2　「仕事の時間割」をつくる

　もしかしたら，あなたはあまり意識していないかもしれませんが，午前と午後では脳の状態が変わります。夜，睡眠中に脳内の情報が整理されることで，<u>**朝は脳のゴールデンタイムと呼ばれるほど，脳が活性化しています。**</u>

　ですから，<u>**脳の状態が比較的スッキリしている午前中は思考を伴う仕事やじっくりと検討が必要な仕事に向いています。**</u>具体的に言えば，授業準備や通知表所見，定期試験問題の作成などに適していると私は考えています。

午後になると，脳も疲労してきます。ですから，**あまり思考を必要としない作業系の仕事が午後には向いている**と言えるでしょう。具体的には，プリントを印刷したり，成績などを機械的に入力したり，事務処理をすることなどがあげられます。

ここでちょっとした落とし穴があります。それは，このような作業系の仕事は単調なので取り組みやすく，つい仕事をやった気になってしまうということです。気をつけないと，脳がスッキリしている午前中に作業系の仕事だけをこなして充実感に浸ってしまい，午後はのんびりしてしまうということになりかねません。もちろん，仕事の締切の都合上，午前中に作業しなければいけないこともあるでしょう。しかし，そうならないように自分の仕事のスケジュールを立てていくことが，長期的に考えた場合，効率的・効果的な仕事につながっていくのです。

3 「忙しい時期」をつくらない

仕事は忙しいもの。そう思うからこそ，本項を読んでいただいたのではないでしょうか。

しかし，よく考えてみてください。365日，24時間忙しいのでしょうか。正直なところ，先生の仕事には，忙しい時期とそうでない時期があります。これは，学校や校種，学年によって時期が違います。

ここでの大事なポイントは，忙しい時期をつくらないということです。具体的には，**比較的忙しくない時期に前倒しで仕事をしておく**のです。

誤解を恐れずに言えば，他の先生方が暇そうにしているときにコツコツと仕事を仕込み，他の先生方が夜遅くまで仕事をしているときに普段通り退勤するというイメージでしょうか。要は，**仕事量を平均化できるよう，仕事をならすことが肝**なのです。

余談ですが，私が学生時代に知った事実として，大手製パン会社は繁忙期であるクリスマスシーズン前からクリスマスケーキの土台部分のみ大量生産

し，冷凍保存しています（アルバイトで現場を見たときには驚きでした）。これも繁忙期を見据え，仕事を平均化する一例と言えるでしょう。

4 「スパンごと」にスケジュール管理方法を変える

　仕事を平均化するためには，中長期的な視野が必須です。そこで，私は仕事のスケジュールを短期・中期・長期の3つに分けて管理しています。

■**短期的なスケジュール…Ａ７メモ**

　Ａ７メモにはその日1日のTODOリストを書いておき，時間があるときに見直すようにしています。また突発的に入った仕事もいったんメモしておき，Googleカレンダーや授業スケジュール帳に転記しています。

■**中期的なスケジュール…授業スケジュール帳**

　私は，見開きで1週間の授業スケジュールを記入できるノートを使用しています。ここには授業の予定・内容だけでなく，課題や連絡事項および，会議や面談などの予定も記入し，1週間の流れが一目瞭然でわかるようにしています。一括管理をすることで漏れをなくすようにするのがポイントです。

■**長期的なスケジュール…Googleカレンダー**

　私は，勤務校の年間予定が発表された時点でGoogleカレンダーにすべて入力します。そして，年間スケジュールを見ながら，どの時期にテストを作成するか，所見を書くのか，そして校務分掌上の仕事量はどれくらいかを見積もって前倒しで仕事ができるようにしています。このような取組を通し，仕事の平均化を実践しているのです。

　最後にお知らせです。私は自分の学びをお伝えする『「教える人」のためのメルマガ』（https://goo.gl/7uBeuy）をやっています。こちらでは旬な話題を無料で発信しています。よろしければ，そちらもご覧ください。今後もあなたと共に学べることを楽しみにしています。

コスパを最大化する，達人の仕事術

■部活動

ポイント 1　メニューは相談して

　練習メニューはキャプテンと決めます。みんなの様子や調子を生徒の目線から聞き，必要性のある練習を選択していきます。次第に「やりたいこと」より「やらねばならないこと」を選べるようになります。

ポイント 2　アップや準備はグラウンドに来た生徒から

　アップや準備は練習に参加できる人からどんどんやっていきます。アップに全体ランニングや声を合わせての体操などはありません。グラウンドに来た順にどんどん必要なものを準備し，アップします。

ポイント 3　全体練習は1つ，個人練習はそれぞれの2部制

　アップの後は全体練習です。ポイント1でキャプテンと決めた練習をします。ワンポイントしか全体で行いません。その分じっくりやります。続いて個人練習。自分でやりたい練習をします。

ポイント 4　練習試合をパーツに分けて，持ち帰る

　練習試合で出た課題を小分けにします。打つ，走る，守る，投げる。それぞれのパートでできなかったことや深めたいことを共有します。それにより，次の週の練習がおのずと決まっていきます。持ち帰った課題が次の練習のテーマになっていきます。

生徒の発見から選び，生徒とつくる部活動の時間

大阪市立上町中学校（野球部顧問）　**杉本直樹**

1　メニューは相談して

　僕は生徒を信頼しきっています。特にキャプテンとはよく話し，顧問と対等の話ができるくらいに毎年間柄を深めます。

　毎日キャプテンが休み時間に「今日の練習メニューは何ですか」と聞きに来ます。そこで練習試合で生じた課題や，取り組ませたい練習をピックアップして今日のメニューを決めます。

　間延びしてしまいそうな提案があれば，ゲーム要素などを盛り込み，つけない時間の緊張感を保つ手助けをします。例えば，バッティング練習ならば「1人15球」だけの設定だと単調になりがちです。ここに「ストライクを見逃したら即時交代」などとちょっとしたハードルを設定するなどします。

　慣れてくると自分たちで「これを，こうやりたい」という細かい設定ができるようになってきます。こうなると僕が少し助言するだけで生徒たちが自分たちで練習をつくるようになってきます。

　その分，はじめが肝心で「ノックがしたい」という提案があったら，「どういうふうに？」と，どんどん具体的な詰めをしていきます。このようなやりとりの繰り返しでやがて生徒は単純な提案をしてこなくなります。

　メニューを相談して考えることは創造性につながり，効果的です。

2　アップや準備はグラウンドに来た生徒から

　これは，僕が仙台の猿橋善宏先生（宮城県松島町立松島中学校）の学校に

見学にお邪魔したときに教わりました。それが，練習に来た生徒からどんどん準備し，アップを始めるという方法です。

こう書いてしまうと「早く来たら損で，遅く行った方が得だ」という打算的な考えもできてしまいそうです。しかし，早く来た生徒はその分早くアップが済むので，その間にやりたい練習をしたり，より入念にアップをしたりすることができます。逆に，遅く来た生徒は他の人より遅れてしまった感が強くなり，せわしなくアップをすることになります。結局は自分のためにならないのです。

「早く来たら損をする」という価値観で動いている間は「やらされている練習」です。残念ながら，授業などはこういう印象が否めません。こんなことを言っている僕も授業では「やらせている」「強いている」ようなことがあります。お互いにとって不幸な状態です。

アップで「いっち，にー！」という全員でのランニングや声かけはありません。気持ちを１つにする，という意味合いでは効果的かもしれませんが，直接のプレーにどこまで必要なことでしょうか。集中するためにキャッチボールにも声を出しません。これはずっと前からやっていることです。

本当に必要なことを取り出し，意味づけをしていくと今のような形になりました。よそに行くと驚かれますが，そんなことはどうでもいいことです。

3 全体練習は1つ，個人練習はそれぞれの2部制

前半は全体練習です。キャプテンと決めた練習です。ここの部分でもっと深めたいと思ってもさっと引き上げます。腹八分目くらいがちょうどいいからです。ノックでエラーばっかりでも予定通りです。バッティングで空振りばかりでもそうです。**ここでのうまくいく，いかないは今後の課題になるので，今日に仕上がらなくてもよい**というのが持論です。

そして，後半は個人練習です。僕は「自主練」という言葉は好きではありません。これは自主的にする練習だからです。ここでは「個人で行う練習」

という意味。つまり枠組みがあり，そこにあなたが個人で何かの設定に基づいて練習をやりなさい，ということです。練習するしないの自主ではありません。このあたりが混同されるので「来ても来なくてもよい練習」の日は「自主練」と呼びます（たまにそういう日もあります）。

　さて，後半の個人練習は生徒には好評です。１年生のはじめのうちは「なんとなく練習」になります。なんとなくキャッチボール，素振り，ノック。それが「それは何のための練習？」と聞くと答えに詰まります。生徒が試合に出始めると，すべき練習が見えてきて，どんどんそれに取り組むようになります。先の前半の全体練習が不甲斐なかったらここで引き続き取り組む生徒もいます。やらねばならないことがわかると練習に具体性が出てきます。**生徒が選択したことだから，こぞって取り組める**のだと思います。

4　練習試合をパーツに分けて，持ち帰る

　練習試合では，数々の課題が出てきます。その中には，日々の練習で取り組んだことがないこともあります。そういう一連の事象を小分けにします。

　例えば，走塁面で積極的に一歩が出なかったら「どのタイミングで」「どこまでならセーフティか」などと具体的に何に取り組めばいいか，必死で分析をします。要するに**「何をすればうまくできるようになるのか」ということを試合の後に提示し，考えて取り組めるようにします**。

　こちらの思うようにいかないからと感情的に叱っても意味がありません。僕が生徒を叱るのは，前に行けないときです。これは絶対に注意します。練習試合を「使って」うまくなるために試合をするのです。ここでトライしなければ上達はないし，ここでできるようになるから自信になっていくのです。その分，試合中に課題が出たらメモし，試合と並行して課題を小分けにします。こちらも必死に分析して，生徒が消化できるサイズにしていきます。

　課題は次の練習のテーマになります。これの繰り返しです。事象や時間をむだにしない。ほんの少しですが，これが僕のやっていることです。

■生徒指導・トラブル対応

ポイント 1　事実をはっきりさせる

　人が語る事実は，主観に基づいています。「にらまれた」といっても，他方からすればちらっと見ただけということもあります。まずは客観的な事実は何なのかをはっきりさせることが指導のスタートラインになります。

ポイント 2　行為と心情を分けて指導する

　自分自身の気持ちを大切にされている実感がないと，他の人の気持ちを大切にしようとは思えないものです。問題行動があったとしても，そうしてしまった心情については共感しつつも，行為は許さないというスタンスが大切です。

ポイント 3　心理的解決と客観的解決の違いを意識する

　問題解決には心理的解決と客観的解決の2種類のアプローチが存在します。特に，対人関係の問題は，客観的に解決したように思えてもしこりが残る場合もあります。心理的解決も目指さなくてはなりません。

ポイント 4　想定されるリスクに備える

　予防的，開発的な生徒指導が大切なことは言うまでもありません。そうでないと問題の事後処理に追われる生徒指導になってしまいます。しかし，予防的な指導をしても問題が起きるのが教室という場所です。問題が発生したときには，最悪の場合どうなるかという意識を忘れないことが大切です。

教室にトラブルはつきもの。
生徒が納得する対応で信頼につなげよう！

北海道音更町立音更中学校　千葉孝司

1　事実をはっきりさせる

　人間は無意識のうちに思い込みや決めつけをしてしまう生き物です。生徒指導上のトラブルが発生したときに、「これは〇〇が悪いんだろう」「きっと犯人は△△だ」といった決めつけや思い込みがあると、対応を誤り、新たなトラブルを生むことがあります。例えば、Aという生徒の持ち物がなくなったとき、仲の悪いBの仕業ではないかと決めてかかってBから話を聞くとどうでしょう。調べてみると関係のない生徒が間違えて持って行ったり、Aの自作自演だったりということもあるわけです。Bやその保護者にしてみれば、先生に疑われたという事実は大問題になります。

　トラブル発生時には、公平に客観的に事実を解明する必要があります。生徒間のトラブルで事情を聞く際には、**「ふざけていただけです」「遊んでいただけです」といった主観的なものではなく、そういう気持ちで何をどの程度したのかをはっきりさせることが大切**です。目撃者の証言や裏づけなどもできる限り集めます。そうして浮かび上がった事実を基に指導をすることになりますが、ここがあやふやだと指導が骨抜きにされてしまいます。

　情報収集については、情報提供者が特定されない配慮が必要です。ここがおろそかになると、新たなトラブルや教師への不信感を生んでしまいます。

2　行為と心情を分けて指導する

　掃除当番をきちんとやらない級友に対して集団で無視をする事例があった

とします。それに対し「たとえ何があったにせよ無視はダメだ。相手の気持ちを考えろ」といった正論は，生徒には届きにくいものです。かといって「それはきちんと当番をしない相手も悪いよね」と善悪をうやむやにするのも問題です。こういった場合は行為と心情を分けて指導することが大切です。「そうか。きちんとやらない人がいるとみんなも困るし，言ってもきちんとやらないので腹も立つよね」ときちんとやらない相手に対しての怒りは受容します。そのうえで「人を無視をするというのは，存在を否定することで，人の気持ちを深く傷つける行為だよ。それをみんなでやるということは何があってもしてはいけないよ」と許容しないことをはっきりと伝えます。

**　心情は受容しても，行為は許容しないことを伝え，自分の行為について振り返らせます。**

　「今やっている行為は，きっと後で後悔するんだよ。どんなふうに後悔するんだろうね」「今度同じようなことがあったときに，今回と同じようなことをするのかな」といった言葉に前向きな答えを口にできない場合もあります。その場合，指導に対して自分の言い分を聞いてもらえていないという不満がある可能性があります。

　ルール指導についても，「ダメなものはダメ」という指導が通じにくくなってきました。社会がそれを当然としてくれた時代ではなくなっているからです。「気持ちはわかるけど，こういうことも大切なんだよね」と心情を受け止めつつも，ルール破りは許さないという姿勢が大切です。

　また，教師の視界の範囲内で不適切な行為があったときに，それを指導しないと生徒はその行為を認められたものと感じるものです。

　生徒の心情を受容しつつも許容できること，できないことを整理してブレないことが必要です。

3　心理的解決と客観的解決の違いを意識する

　職員室に，どうしても馬が合わない人がいて悩んでいたとします。同僚で

あり嫌なら会わなければいいというわけにはいきません。もしもストレスになる相手が自然に転勤すれば，同じことで悩む必要はありません。これを客観的解決といいます。しかし，職員室の悩みに対して，いつでも客観的解決が得られるものではありません。

　そこで，あなたがそのストレスになる人間関係について，管理職に愚痴を言ったとします。そのときに「それは大変だねぇ。いつも苦労をかけてすまないね。相手に何か伝えようか？」と言われれば，「いえ，わかってもらえたので大丈夫です」と答えるのではないでしょうか。これが心理的解決です。客観的解決を図ることがどうしても困難であるという場合もあります。その際は全力で心理的解決を図る必要があります。

　しかし客観的解決を避けると「先生は話を聞いてくれるけど，何もしてくれない」という不満につながります。**その都度解決イメージをもち，真摯に向き合う必要があります。**

4　想定されるリスクに備える

　生徒指導のエキスパート嶋崎政男先生が，よく話されていた生徒指導の「さしすせそ」という優れた指標があります。

　さ／最悪を想定して　　　　し／慎重に　　　　　す／素早く
　せ／誠意をもって　　　　　そ／組織で対応

　裏返して言うと，生徒指導の問題がこじれるケースでは，「さしすせそ」のどれかが欠けている場合がほとんどです。

　問題を予防する努力をするのは必須ですが，それでもなお問題が起きるのが教室の常です。

　問題を予防するという意識だけでは，最悪な状況になったときどうすべきかわからないこともあります。問題が発生したときに「これが最悪な状況に転がるとしたらどうなる？」という意識も忘れてはいけません。**状況は常に変化していく**のです。

■保護者対応

ポイント**1** 2：6：2を意識する

　保護者は全員が担任の支持者であったり，全員がクレーマーというわけではありません。学級経営の出来不出来にかかわらず，常に担任の味方である保護者が2割います。反対に，非協力的で隙あらば文句を言ってやろうという保護者も2割います。そして残りの6割は学級経営によって支持者にもクレーマーにもなる保護者です。

ポイント**2** 言葉の裏の願いを感じ取る

　「先生は若いからわからないんですよ」「結婚していないからわからないんですよ」「子どもが小さいからわからないんですよ」
　思わずカチンとくるような言葉をどう受け止め，対応したらよいのでしょうか。大切なのは真正面から返すことではなく，その言葉の裏にある保護者の願いを想像し，受け止めることです。

ポイント**3** 説得ではなく納得を

　一般企業では，クレームには説得とサービスで対応します。しかし教員は，保護者のクレームに「では，お子さんの給食だけ大盛りにします」という手は使えません。となると，残された手段は説得だけです。
　しかし「説明すれば納得する。納得しないのは，説明が不足しているからだ」と考えても説得はうまくいきません。納得には保護者に対する共感の姿勢が必要です。

保護者の願いを忘れずに，協力し合う関係を築こう！

北海道音更町立音更中学校　千葉孝司

1　2：6：2を意識する

次の2つの考えをもったことはありませんか。

「AさんやBさんは担任に対して協力的だ。きっと学級経営は悪くないはずだ。それにひきかえ，CさんやDさんは文句ばかり言う。困ったものだ」

AさんやBさんが協力的だから学級経営は悪くないはずだというのは外れています。AさんやBさんは，どんな学級経営をしても担任の味方をしてくれるからです。

「AさんやBさんは担任に対して協力的なのに，CさんやDさんは文句ばかり言う。きっと自分の学級経営が悪いからだ」

CさんやDさんが文句ばかり言うのは学級経営が悪いからだというのも外れています。CさんやDさんは，どんな学級経営をしても担任に対して文句を言いたいからです。肝心なのは，Aさん，Bさんが支持してくれるからといって学級経営がうまくいっていると過信せず，Cさん，Dさんに文句を言われるからといって自信を失わないことです。むしろ，**それ以外の6割がどちら寄りであるかによって保護者の担任評価を判断すべき**でしょう。

さらに言うと，**保護者の担任評価のポイントは学級経営ではなく，我が子をどれくらい理解しているかにあります。**生徒一人ひとりを大切にした学級経営と発信をしていくことで，保護者の信頼や安心を得ることができます。

保護者との関係がうまくいかなくなったときに，担任にとって最大の味方は生徒です。保護者の顔色をうかがうことではなく，目の前の生徒を大切にする姿勢こそが求められます。

2 言葉の裏の願いを感じ取る

「先生は若いからわからないんですよ」

こんな言葉をかけられ困ってしまったというのは，多くの教師が経験することでしょう。こういった理解し合うことをあきらめる言葉は，他にもいろいろあります。どう返せばよいのでしょうか。

保護者「先生は若いからわからないんですよ」

教　師「経験不足で申し訳ありません。具体的にこうした方がいいということを教えていただけますか」

保護者「先生は，子どもがいないからわからないんですよ」

教　師「子育てって，大変ですよね。大変さがわからないで無理なことを要求していますか？」

保護者「子どもが小さいからわからないんですよ」

教　師「思春期になると反抗したり大変ですよね。何か苦労されていることはありますか？」

保護者「経済的に大変な家庭の子育てはわからないんですよ」

教　師「どんなご家庭も子育ては大変ですよね。学校で何か配慮すべきことはありますか？」

こういった言葉を覚えて返せば，担任の困り感は軽減するでしょう。しかし，大切なのはどう言い返すかではないのです。**これらの言葉が発せられたときの保護者の思い**です。ひょっとすると保護者は担任に対して「自分の気持ちをわかってくれない」と思っているのかもしれません。

3 説得ではなく納得を

「モンスターペアレント」という言葉が教育現場に定着して久しくなりました。モンスターさながらにクレームをつけてくる保護者は少なからずいます。説明責任という言葉も教育現場に定着しています。保護者のクレームに

は，説明し，わかってもらう必要があります。

　しかし「説明すれば納得する。納得しないのは説明が不足しているからだ」と考えても説得はうまくいきません。保護者が求めているのは「説明」だけではないのです。「どういうことですか!?」と怒鳴り込む保護者に対して，どういうことかを説明するだけでは足りないのです。

　実際の例を示しましょう。

保護者「うちの子が先生に『給食を食べるな』って言われたらしいんですけど，どういうことですか!?」

教　師「そういうふうに聞いていらっしゃるんですね」

保護者「給食を食べるなと食べ盛りの子に言うなんて信じられない」

教　師「食べ盛りの子にそんなことを言われたら腹が立つし，親として確認しなくてはと思われますよね」

保護者「そうですよ。本当は直接教育委員会に行くつもりだったんです」

教　師「お忙しいのに，わざわざ足を運んでくださったんですね。本当にありがとうございます」

保護者「そうですよ，いったいどういうことなんですか？」

教　師「どんなふうにお聞きになっているか教えていただけますか？　至らないところがたくさんあるので教えていただけると助かります」

（言葉を差し挟まず，うなずきながら最後まで聞く）

教　師「そうですか。お子さんはそう感じているんですね。それを聞いたら心配になりますよね。不愉快な思いをさせてしまい申し訳ありません。私の言動と意図を説明させていただいてもよろしいですか？」

　説明はもちろんのこと，**どれだけ保護者に対して共感できるかということが求められている**のです。そして本来，保護者と教師は子どもの成長という目的を共有しているはずです。**共感し合う関係の中で，その目的を確認しながら進むことが大切**です。

【執筆者一覧】 (執筆順，所属は執筆当時)

川端　裕介 (北海道函館市立亀田中学校)

江澤　隆輔 (福井県坂井市立三国中学校)

山中　　太 (長崎県佐世保市立日野中学校)

藤永　啓吾 (山口大学教育学部附属光中学校)

辰巳　裕介 (東京都港区立赤坂中学校)

生稲　　勇 (千葉県市原市立双葉中学校)

岡田　敏哉 (新潟県上越市立城西中学校)

小池あゆみ (山梨県南部町立南部中学校)

久下　　亘 (群馬県高崎市立東小学校)

山口　　聡 (神奈川県葉山町立葉山中学校)

本屋敷耕三 (福岡県古賀市立古賀中学校)

山田　貞二 (愛知県一宮市立浅井中学校)

合田　淳郎 (東京都杉並区立杉森中学校)

根本　栄治 (千葉県成田市立玉造中学校)

井久保大介 (東京都府中市立府中第六中学校)

戸塚健太郎 (静岡市立長田南小学校)

日野奈津子 (神奈川県横浜市立洋光台第一中学校)

松原　大介 (新潟市立新津第一中学校)

穐田　　剛 (東京都足立区立第一中学校)

堀川　真理 (新潟市立巻西中学校)

胡子美由紀 (広島市立古田中学校)

吉田　　順 (生徒指導コンサルタント)

小林　康宏 (和歌山信愛大学)

山本　純人 (埼玉県立特別支援学校坂戸ろう学園)

栗田　正行 (私立高校教諭兼著者)

杉本　直樹 (大阪市立上町中学校)

千葉　孝司 (北海道音更町立音更中学校)

【編者紹介】

『授業力&学級経営力』編集部
(じゅぎょうりょくあんどがっきゅうけいえいりょくへんしゅうぶ)

テーマ別でまるごとわかる！
中学校学級経営ＤＸ

2021年3月初版第1刷刊 ©編　者『授業力&学級経営力』編集部
2022年1月初版第2刷刊　　発行者　藤　原　光　政
　　　　　　　　　　　　　発行所　明治図書出版株式会社
　　　　　　　　　　　　　　　　 http://www.meijitosho.co.jp
　　　　　　　　　(企画)矢口郁雄・茅野　現(校正)嵯峨裕子・大内奈々子
　　　　　　　　　〒114-0023　　東京都北区滝野川7-46-1
　　　　　　　　　振替00160-5-151318　　電話03(5907)6701
　　　　　　　　　　　　　　　 ご注文窓口　電話03(5907)6668
＊検印省略　　　　　　 組版所 株 式 会 社 カ シ ヨ

本書の無断コピーは，著作権・出版権にふれます。ご注意ください。

Printed in Japan　　　　　　 ISBN978-4-18-319324-7
もれなくクーポンがもらえる！読者アンケートはこちらから